中国物流专家专著系列·2015
ZHONGGUO WULIU ZHUANJIA ZHUANZHU XILIE

我国制造业与物流业联动发展研究

王茂林 著

中国财富出版社

图书在版编目（CIP）数据

我国制造业与物流业联动发展研究 / 王茂林著. —北京：中国财富出版社，2015.7

（中国物流专家专著系列）

ISBN 978-7-5047-5692-3

Ⅰ.①我… Ⅱ.①王… Ⅲ.①制造工业-产业发展-研究-中国 ②物流-产业发展-研究-中国 Ⅳ.①F426.4 ②F259.22

中国版本图书馆 CIP 数据核字（2015）第 086119 号

策划编辑	寇俊玲	**责任印制**	何崇杭
责任编辑	齐惠民　谷秀莉	**责任校对**	饶莉莉

出版发行	中国财富出版社		
社　　址	北京市丰台区南四环西路 188 号 5 区 20 楼	**邮政编码**	100070
电　　话	010-52227568（发行部）		010-52227588 转 307（总编室）
	010-68589540（读者服务部）		010-52227588 转 305（质检部）
网　　址	http://www.cfpress.com.cn		
经　　销	新华书店		
印　　刷	北京京都六环印刷厂		
书　　号	ISBN 978-7-5047-5692-3/F·2376		
开　　本	710mm×1000mm　1/16	**版　　次**	2015 年 7 月第 1 版
印　　张	10	**印　　次**	2015 年 7 月第 1 次印刷
字　　数	210 千字	**定　　价**	39.80 元

序

在我国政府发布的钢铁、汽车、船舶、石化、纺织、轻工、有色金属、装备制造、电子信息、物流十大产业振兴规划之中，《物流业调整和振兴规划》（以下简称《规划》）是唯一的服务业规划。《规划》指出，“物流业对其他产业的调整具有服务和支撑作用，发展第三方物流可以促进制造业和商贸业优化内部分工、专注核心业务、降低物流费用，提高这些产业的竞争力”。在《规划》中，制造业与物流业联动发展被列为“九大工程”之一，这也是十大产业振兴的必然要求。

在我国由“制造业大国”向“制造业强国”挺进的道路上，物流业扮演的重要支撑角色不可或缺。制造业的转型与升级，离不开作为生产性服务业重要组成部分的物流业的强有力支持。同时，制造业物流需求是现阶段中国物流需求最主要组成部分之一，制造业物流需求释放不足，是困扰我国专业化、社会化第三方物流企业发展的主要问题之一。

从 2007 年至 2013 年，国家发展和改革委员会已经陆续召开了四届全国制造业与物流业联动发展大会，旨在为这两大领域的企业搭建交流平台，引导制造业与物流业融合渗透、共同发展。从大会上制造企业和物流企业提供的合作材料来看，我国制造业与物流业联动发展已经取得了可喜的成果，但仍然存在着一些问题，两业间的合作尚待进一步深化。

在全球供应链竞争环境下，制造业与物流业联动发展先进技术与理念的推广，将有利于促进制造业与物流业开展深度合作，实现互利共赢，有利于促进两大产业的转型与升级。本书的出版，对我国从事制造业与物流业联动发展相关工作的科研人员、管理人员、操作人员具有重要的参考价值。

刘秉镰

教育部高等学校物流管理与工程类专业教学指导委员会　副主任委员

中国物流学会　副会长

南开大学现代物流研究中心　主任

2015 年 2 月

前　言

面对激烈的全球市场竞争，许多制造企业已开始高度重视和物流企业的联动发展。本书围绕制造业与物流业如何深入合作、联动发展展开研究，主要包括以下几方面的内容。

第一，制造业与物流业联动发展的理论机制。首先，梳理了我国制造业物流的发展历程；其次，分析了我国制造业与物流业联动发展的特征；再次，分析了制造业与物流业联动发展的必要性；最后，在此基础上，探讨了制造业与物流业联动发展的影响因素。

第二，我国制造业与物流业联动发展灰色关联分析。首先，对我国制造业和物流业的发展现状分别进行了分析；其次，在此基础上，借助灰色综合关联分析法对我国制造业与物流业联动发展的关联性进行了分析。

第三，制造业物流供应商的筛选与激励。首先，应用基于指数标度加权改进欧氏范数法，对制造业物流供应商的筛选问题进行了研究；其次，基于委托—代理理论，构建了基于协同收益及协同成本的多任务多物流供应商激励合同模型，以期促进制造业与物流业供应链网络整体利益的最大化。

第四，制造业与物流业联动发展的主要模式与趋势。首先，对制造业与物流业联动发展的主要类型、主要做法分别进行了梳理；其次，以物流金融、物流地产为例，探讨了制造业与物流业联动发展中的创新探索；再次，对我国制造业与物流业联动发展中的“走出去”战略进行了分析；最后，在此基础上，对制造业与物流业联动发展的主要趋势进行了预测。

第五，案例研究：天津市制造业与物流业联动发展。首先，对天津市制造业和物流业发展的总体状况进行了分析，并以此为基础，对天津市制造业与物流业联动发展协调度进行了分析；其次，梳理了天津市制造业与物流业联动发展的主要现状特征以及存在的主要问题，继而提出了加强天津市制造业与物流业联动发展的对策与建议；最后，以“共同制造者”模式为例进行了分析。

本书在写作过程中，引用和借鉴了大量国内外文献资料，已尽可能在论文中一一列出，有的可能因疏漏未能注明，如果有类似的情况发生，作者深表歉意，并愿意在得知具体情况后予以更正，在此谨对文献作者的开拓性研究表示敬意！

王茂林

2015 年 2 月

目 录

1 绪 论

我国是一个制造业大国，制造业的振兴与发展离不开作为生产性服务业的物流行业的支持。在《物流业调整和振兴规划》中，制造业与物流业联动发展被列为“九大工程”之一，这也是我国十大产业振兴的必然要求，其目标之一是以物流产业促进其他产业的发展。物流业是国民经济的重要新兴产业，物流能力成为影响一个国家核心竞争力的重要因素。真正能促使物流业从质和量上快速成长的市场，是由现代制造业发展而释放的企业内部的物流管理需求和基于供应链的物流一体化管理需求创造的。因此，实现制造业与物流业的联动发展是我国转变经济增长方式、提升制造业竞争力和物流业服务水平的内在要求。

1.1 研究背景及意义

1.1.1 产业需求

现代物流业作为生产性服务业的重要组成部分，是提升制造业核心竞争力、促进制造业转型升级的重要保证，而制造业为物流业的发展提供需求基础，是现代物流业发展的重要支撑。2013 年全国社会物流总额为 197.8 万亿元，其中工业品物流总额达 181.5 万亿元[①]，占全国社会物流总额的比重高达 91.76%。

相关调查表明，从原材料到产成品，我国的一般商品加工制造时间不超过 10%，而 90% 以上的时间处于运输、储存、装卸搬运、包装、配送等物流环节。当前，我国制造业与物流业已日益重视联动发展，但它仍然是我国相关产业发展的薄弱环节，拖了我国制造业、物流业以及相关产业的“后腿”。一方面，制造企业的物流需求分散在各个内部部门和企业，没有转化为企业外部社会化的需求，物流运作成本高、效率低、服务水平差；另一方面，由

---

① 国家发展和改革委员会 .2013 年全国物流运行保持平稳 [EB/OL]. [2014 - 03 - 07] http://yxj.ndrc.gov.cn/xdwl/201403/t20140307_590417.html.

于制造企业外部社会化需求不足，第三方物流企业的发展受到制约，适应制造企业需要、促进制造企业转型升级、提高国际竞争力的物流服务能力尚有待提高。① 加快制造业与物流业融合渗透、联动发展，是我国从制造业大国转变成为制造业强国的重要途径。

1.1.2 政策推动

2006年3月14日，十届全国人大四次会议表决通过了《中华人民共和国国民经济和社会发展第十一个五年规划纲要》（以下简称《纲要》），该《纲要》提出，要大力发展生产性服务业。制造业物流作为生产性服务业的现代物流，迎来了令人瞩目的重大发展契机。2007年3月19日，国务院发布《关于加快发展服务业的若干意见》（以下简称《意见》），该《意见》指出“要加快发展服务业，提高服务业在三次产业结构中的比重，尽快使服务业成为国民经济的主导产业”，强调要大力发展“面向生产的服务业，促进现代制造业与服务业有机融合、互动发展……优先发展运输业，提升物流的专业化、社会化服务水平，大力发展第三方物流……”。2007年9月24日，为积极贯彻落实该《意见》，国家发展和改革委员会在上海召开了“首届全国制造业与物流业联动发展大会”，从此，我国制造业与物流业联动发展被提高到国家层面②。此后，2009年在云南，2011年在南京，2013年在北京再次召开了全国制造业与物流业联动发展大会，制造业与物流业联动发展的理念已深入业界人心。

1.2 研究方法与可能的创新点

1.2.1 研究方法

第一，应用系统分析方法对制造业与物流业联动发展的理论机制进行研究；第二，应用灰色综合关联分析法对我国制造业与物流业联动发展的关联性进行了分析；第三，研究了基于指数标度加权改进欧氏范数法的物流供应商筛选，以及基于协同收益及协同成本的多任务多物流供应商激励，以期促进制造业与物流业供应链网络整体利益的最大化；第四，借助调研、案例研

---

① 国家发展和改革委员会．首届全国制造业与物流业联动发展大会在上海召开［EB/OL］．［2007-09-27］http：//www.ndrc.gov.cn/fzgggz/jjyx/zhdt/200709/t20070927_162379.html.

② 柴凤伟，何明珂．制造业物流潜力大［N］．现代物流报，2008-01-23.

究等方法对我国制造业与物流业联动发展的主要模式与趋势进行了分析；第五，以天津市制造业与物流业联动发展作为典型案例，借助灰色相似关联度、系统分析等方法进行了剖析。

1.2.2 可能的创新点

课题采用定性与定量相结合的方法，也体现实证研究与理论研究相结合的方法。物流外包是制造业与物流业联动发展中的一种主要形式，但物流外包是一柄双刃剑，既可以使制造企业专注于核心竞争能力的打造，又可能给制造企业带来商业机密泄露、对终端客户服务能力及影响力下降等弊端，因此，对制造企业物流供应商的筛选与激励就显得尤为重要。有鉴于此，本书研究了基于指数标度加权改进欧氏范数法的物流供应商筛选，以及基于协同收益及协同成本的多任务多物流供应商激励，在前人研究基础上，对以往研究中物流供应商的筛选方法、激励合同模型分别进行了一定的改进，以期对促进制造业与物流业供应链网络整体利益的最大化能够有所裨益。

第一，传统的基于欧氏范数的供应商选择与评价方法在初始权重向量的确定上，一般采用概念经验法、传统的层次分析法等方法。其中，概念经验法的个人主观性过强，可靠性较差，而传统的层次分析法对于权重的确定过于刚性，一般用1~9标度试图对复杂的客观事物进行精确描述，易于出现判断矩阵的不一致性。为消除以上方法的不足，考虑到指数标度法具有可提高判断准确度、使判断矩阵具有高度一致性等优点，因此本研究在传统欧氏范数法的基础上，引入指数标度法，结合模糊层次分析法、赋权公式法进行改进。

第二，制造业与物流业联动发展中的信息不对称状态对于物流供应链整体绩效的最大化是非常不利的，因而需要对物流供应商实施有效的激励。但是，目前对单任务（往往仅关注成本或利润等自身业务）、单物流供应商激励合同的研究较多，而对多任务（涵盖自身业务、协同业务两大类任务）、多物流供应商激励合同的研究较少，有鉴于此，本研究基于多任务委托—代理模型，考虑协同收益及协同成本，构建多任务多物流供应商最佳努力水平激励模型，以期促进供应链整体利益的最大化。

1.3 研究内容框架与技术路线

1.3.1 研究的内容框架

第1章，绪论。介绍研究的背景及意义、研究方法与可能的创新点，以及研究内容框架与技术路线。

第2章，制造业与物流业联动发展的理论机制。首先，梳理了我国制造业物流的发展历程；其次，分析了我国制造业与物流业联动发展的特征；再次，分析了制造业与物流业联动发展的必要性；最后，在此基础上，探讨了制造业与物流业联动发展的影响因素。

第3章，我国制造业与物流业联动发展灰色关联分析。首先，对于我国制造业和我国物流业的发展现状分别进行了分析，然后，在此基础上，借助灰色综合关联分析法对我国制造业与物流业联动发展的关联性进行了分析。

第4章，制造业物流供应商的筛选与激励。首先，应用基于指数标度加权改进欧氏范数法，对制造业物流供应商的筛选问题进行了研究；其次，基于委托—代理理论，构建了基于协同收益及协同成本的多任务多物流供应商激励合同模型，以期促进制造业与物流业供应链网络整体利益的最大化。

第5章，制造业与物流业联动发展的主要模式与趋势。首先，对制造业与物流业联动发展的主要类型、主要做法分别进行了梳理；其次，以物流金融、物流地产为例，探讨了制造业与物流业联动发展中的创新探索；再次，对我国制造业与物流业联动发展中的“走出去”战略进行了分析；最后，在此基础上，对制造业与物流业联动发展的主要趋势进行了预测。

第6章，案例研究：天津市制造业与物流业联动发展。首先，对天津市制造业和物流业发展的总体状况进行了分析，并以此为基础，对天津市制造业与物流业联动发展协调度进行了分析；其次，梳理了天津市制造业与物流业联动发展的主要现状特征以及存在的主要问题，继而提出了加强天津市制造业与物流业联动发展的对策与建议；最后，以“共同制造者”模式为例进行了分析。

第7章，总结与展望。对主要研究成果进行了总结，指出尚待改进之处，并对研究前景进行展望。

1.3.2 研究的技术路线

研究的技术路线如图1－1所示。

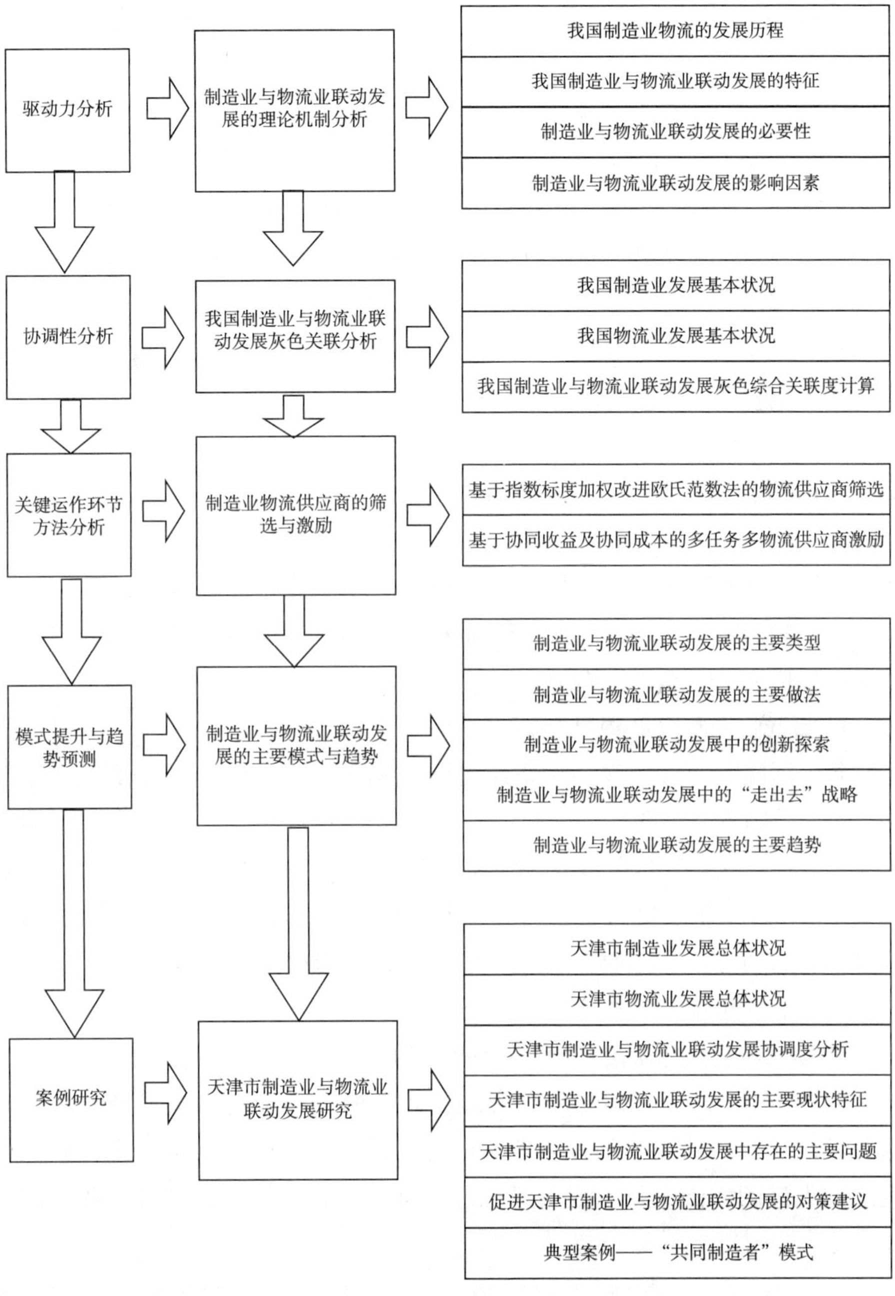

图1－1 研究的技术路线

2 制造业与物流业联动发展的理论机制

在传统的计划经济体制下，相当多的制造企业习惯于自建物流，“大而全”、“小而全”、“麻雀虽小，五脏俱全”成为较为常见的现象，但在当今日益激烈的全球市场竞争中，为使制造企业有限的资源实现最优化配置、提高核心竞争能力，越来越多的制造企业把目光投向物流领域——“第三利润源泉”。据统计，在落户中国的400多家世界500强企业中，有90%左右选择了将物流业务外包给第三方物流公司，近年来，我国选择物流外包的制造企业的比例逐年上升，现已达到70%左右。

2.1 我国制造业物流的发展历程

我国制造业物流的发展历程主要包括自营物流阶段、物流外包兴起阶段、物流外包初步发展阶段、物流业务加速整合阶段、制造业与物流业的合作在多层面加速发展阶段5个阶段①。

1. 自营物流阶段（1979年以前）

新中国成立后至1979年，在计划经济体制下，制造企业内部的仓储、运输部门以及物流类的仓储、运输、装卸搬运等行业都在国家生产制造计划的框架下运作，它们的存在目的是辅助制造企业生产。该阶段是我国制造业物流的形成阶段，很多制造企业拥有仓库、车辆等物流资源，自营物流。该阶段以分裂的功能来考虑物流管理，即把运输、储存、装卸搬运、流通加工、配送等各子系统分开考虑，孤立地看待。

2. 物流外包兴起阶段（1979—1991年）

1978年12月十一届三中全会后，我国的物资分配、流通及仓储、运输等领域焕然一新，且外资企业逐渐开始进入我国物流市场，现代物流的概念和先进的物流运作方式与管理理念被引入我国。在此阶段，我国制造

① 张秀美，徐时建．中外现代物流发展的历程与比较［J］．浙江理工大学学报，2005，22（1）；李红启．中美现代物流发展阶段比较分析［J］．物流技术，2008，27（1）．

业物流领域取得了较快、较大发展，一些生产制造企业开始将运输、储存、装卸搬运、流通加工、配送等业务外包给社会化、专业化的第三方物流企业。

3. 物流外包初步发展阶段（1992—2001 年）

受到 1992 年邓小平同志“南巡”讲话精神的鼓舞，我国制造业物流开始进入了较快的发展阶段。同时，经济全球化日益加快，改进物流系统、提高企业生产效率成为制造企业生存和发展的必然要求，而“精益生产”、“敏捷制造”等生产方式的应用，有力促进了制造业物流外包的发展，但和一些经济先进国家的物流管理水平相比，我国制造业在物流外包的广度、力度方面还存在着很大差距。

4. 物流业务加速整合阶段（2002—2005 年）

从加入 WTO 后，至我国物流市场全面开放之前，我国传统物流企业为了在激烈的全球市场竞争中站稳脚跟，加快引入先进的物流技术与管理理念，与制造企业开展更加广泛、深入的合作，在此阶段，一些知名制造企业日益重视企业流程再造（BPR）和物流资源重组，如海尔、一汽集团等企业，它们在多方面大力剥离或推进物流外包业务，与第三方物流的合作在多领域向纵深发展。

5. 制造业与物流业的合作在多层面加速发展阶段（2006 年至今）

按照加入世界贸易组织的承诺，2006 年是我国物流业全面开放的元年。越来越多的跨国物流企业巨头涌入中国，这众多的物流企业和我国本土物流企业展开了激烈竞争。我国物流业生存与发展的危机意识日益加重，开始从多角度积极融入制造业产业链，以期提高物流服务水平，与制造业“精益生产”、“延迟制造”、“柔性生产”等先进技术相融合，制造业与物流业的合作在多层面加速发展，谋求供应链网络领域的“共赢”。

2.2 我国制造业与物流业联动发展的特征

1. 政府推动力度明显加大

我国政府对制造业和物流业的联动发展高度重视，并积极采取措施，大力推动两业联动发展。2007—2013 年，国家发展和改革委员会先后 4 次主办了“全国制造业与物流业联动发展大会”，大会旨在为这两大领域的企业搭建交流平台，引导两业融合渗透、共同发展。2009 年，国务院发布了《物流业调整和振兴规划》，把“制造业与物流业联动发展工程”列入九大重点工程之一。2010 年，全国现代物流工作部际联席会议办公室出台了《关于促进制造业与物流业联动发展的意见》，对联动发展的重要性、联动发展的指导思想、联动发展的基本原则等做了重要阐述。此后，各省、市、自治区政府积极贯彻落实中央政府推动制造业与物流业联动发展的相关政策，陆续出台了两业联动的具体发展规划、政策措施和推动方案。例如，2012 年陕西省发展和改革委员会专门下发了协助做好制造业与物流业联动发展研究课题调研工作的通知。①

2. 两业联动的范围扩大，程度加深

制造业与物流业联动发展的实践行动现已在制造业各细分行业全面展开。除汽车、钢铁等原来联动基础较好的各行业之外，两业联动获得了更多行业的认可，特别是列入物流业调整和振兴规划的一些制造行业，如轻工、船舶和有色金属等行业。以轻工业之中的服装工业为例，许多服装制造企业都通过物流外包等方式积极寻求与物流企业展开合作。其中，国人西服是一家大型服装制造企业，配有十几辆大型运输车辆，30 多辆中小型配送车辆，不但物流费用高，而且琐事杂事多，不得不安排大量的人力物力负责物流工作，部分仓储、运输业务外包给中邮物流后，年物流费用下降了 20%，仅安全行车事故一项就可年节约 50 万元，客户满意率达到 100%。② 此外，制造业与物流业联动发展的合作程度正在不断加深，许多企业的合作已经实现了采购、运输、储存、销售、资源循环回收利用等信息系统模块的无缝对接，加强跨企业的供应链合作已经成为共识。

3. 两业联动开始向国际领域推进

随着我国经济的持续发展，我国制造企业的经济实力和管理水平不断提升，对两业联动的认识正在走向国际化，并有能力在激烈的全球竞争中取得成功。例如，中国浙江吉利控股集团有限公司抓住金融危机的机遇，成功收购了北欧最大的汽车企业沃尔沃汽车公司。同时，吉利汽车公司的全球化零部件供应体系正在快速构建，吉利汽车公司已在产品研发、全球采购、国际物流、全球销售等多个环节与物流企业、供货商等合作伙伴展开了一体化深

① 陕西省发展和改革委员会．关于请协助做好制造业与物流业联动发展研究课题调研工作的通知［EB/OL］．http：//www. sndrc. gov. cn/showfile. jsp？ID = 14200.

② 山东省经济和信息化委员会．关于山东省推动“两业”联动发展的有关情况［C］．第二届全国制造业与物流业联动发展大会会议资料，2009.

入合作。从2010年开始，上海畅联国际物流有限公司协助吉利汽车公司部分项目打造以市场需求信息为原动力的，集生产计划、采购、物流、销售、供应商资源整合为一体的准时化、同步、全透明的精益供应链信息网络系统，逐步帮助吉利实现精益化生产方式。

4. 两业联动的内涵进一步扩展

在供应链竞争环境下，制造业与物流业的融合渗透、联动发展正在向供应链网络中的多个节点进行扩展。两业联动正在走向多业联动，新涉及了金融业、信息业等多个行业。目前，物流金融创新正成为中国金融和物流领域最为关注的热点，国内几乎所有的银行都在研究开发物流金融产品，相关物流企业的物流金融业务也在高速增长，已经成为众多物流企业所重点发展的增值服务。例如，中储、星沙物流等众多物流企业大力发展仓单质押、订单融资等多种形式的物流金融服务。其中，中储是我国最大的仓储企业，也是我国开展物流金融业务最早、规模最大的物流企业。中储已经与中国银行、建设银行、交通银行、招商银行、浦发银行等数十家金融机构建立了合作关系，每年可开展500亿元规模的仓单质押融资业务，质押监管产品涉及黑色金属、有色金属、建材、食品、家电、汽车、纸张、煤炭、化工等多个品种。

5. 两业联动的合作模式初步形成

由于科学技术的飞速进步和全球市场的迅猛发展，企业正逐渐面对一个变化迅速且难以预测的买方市场，传统的生产与经营模式对市场剧变的响应越发迟缓和被动。为了摆脱困境，我国企业对整合物流资源、提升核心竞争能力更加重视，制造业和物流业联动发展的自觉性、主导性正在逐渐提高。一些传统制造企业正在逐渐摆脱“大而全”、“小而全”观念的束缚，与物流企业的合作程度正在不断加深，两业联动的主要模式已经初步形成，例如，物流业务部分外包、物流业务整体外包以及供应链一体化竞争模式等。发达国家经验表明，供应链协同与一体化发展是提升制造业和物流业核心竞争力、实现产业升级的重要规律和有效途径。如果制造企业能够和专业的物流公司不断扩展合作的深度和广度，将有助于提升我国制造业和物流业的国际竞争力，推动我国产业结构升级和经济增长方式的转变。

2.3 制造业与物流业联动发展的必要性

2.3.1 制造业与物流业联动发展的重要意义

1. 物流业是促进制造业转型升级的重要保证

在我国由制造业大国向制造业强国转型升级的道路上，生产性服务业的重要支撑作用不可或缺。现代物流业作为生产性服务业的重要组成部分，在全球供应链竞争环境下，已经渗透到制造业的采购、生产、销售、运输、仓储等各个环节，是促进制造业转型升级的重要保证。[①] ①低成本、高效率的采购与生产物流是保障制造业核心竞争力的有力支撑。采购与生产物流的送货时间、配送距离等是否符合生产经营的准时化要求，直接关系到制造企业核心竞争能力的打造。②个性化、柔性化、敏捷响应的零售与批发物流服务是制造企业在激烈的全球市场竞争中求得生存和发展的必要手段。③绿色化、低碳化的循环物流是制造企业在国际市场竞争中应对绿色壁垒、开拓海外市场的重要法宝，也是企业落实社会责任、实现与自然环境和谐发展的必然选择。

2. 制造业生产方式变革推动物流业集约化发展

在激烈的全球市场竞争中，制造企业为满足消费者个性化、多样化、准时化的商品需求，多品种、小批量、延迟生产、快速响应、以客户为中心的精益生产方式大行其道，与之相适应，传统的效率低下、功能单一的运输、仓储、配送等简单物流服务已经不能适应制造业生产方式的变革。为了能够有效承接制造业所释放出来的高效物流需求，传统的小型物流企业不得不向综合化、集团化的物流联盟转型，特别是随着国际四大物流企业——TNT（荷兰天地快运）、DHL（德国敦豪）、FedEx（美国联邦快递）、UPS（美国联合包裹）中国区物流业务的风生水起，我国传统中小型物流企业面临巨大的生存压力，为了能够在全球化竞争中立于不败之地，我国众多的传统中小型物流企业不得不走上兼并重组、规模化和集约化经营的发展道路。

---

① 王亚平. 现代物流业发展与加工制造业升级——关于内地与香港加强物流合作的研究［J］. 经济前沿，2002（2）.

2.3.2 制造业与物流业联动发展获得的主要收益

随着经济全球化的迅猛发展，制造企业所面临的市场竞争越发激烈，不得不集中资源发展核心竞争能力。通常，制造企业的核心能力为研发与生产制造能力，而运输、储存、配送等物流能力为制造企业的非核心能力。制造企业可以自建仓库、自营车队，可以将产品直接配送给客户，即制造企业可以自营物流。但是，由于专业化、社会化的物流企业凭借自己的专业知识、丰富经验以及规模效益，往往会比制造企业自营物流做得更加出色。因此，制造企业为了更加有效地维护好客户关系、更好地促进销售，可以与物流企业签订合同、委托物流企业代办物流业务。制造企业和物流企业建立这种合作关系后，通常可以获得以下 4 种收益。①信息处理效率提升、成本节约，通过与第三方物流企业共享信息，制造企业可以掌握许多关键的客户信息、市场信息，如客户偏好、竞争对手产品报价等。②市场进入成本降低，物流外包之后，由于制造企业不需要自建仓库、自营车队，可以显著降低市场进入成本，有效规避风险。[①] ③企业运营成本节约，例如，制造企业可以利用物流企业的规模优势，有效降低仓储成本、运输成本，从而充分发挥物流作为“第三利润源泉”的重要作用。④提高客户服务水平，将物流业务交给优质的专业化第三方物流企业，可以缩短配送时间，提高客户满意度。

2.4 制造业与物流业联动发展的影响因素

基于对制造业和物流业联动发展主要特征的分析，本文对影响两业联动程度的主要因素进行了探讨，如图 2－1 所示。具体而言，主要如下。

1. 对核心竞争力的贡献

据美国外包协会调查，“对核心竞争力的贡献”是影响企业是否进行物流外包的重要原因之一。Quirm、Hilmer 的物流外包决策模型就是以“对核心竞争力的贡献”为维度进行决策的，Ballow 认为“物流对企业成功经营的影响程度”是制造企业是否选择物流外包的首要因素。例如，海尔集团强调利用物流来赢得竞争优势，物流管理在其企业战略中具有重要地位，因此，海尔

---

① 王茂林，刘秉镰．制造业与物流业联动发展中新型合作关系构建研究［J］．江苏科技信息：学术版，2009（2）．

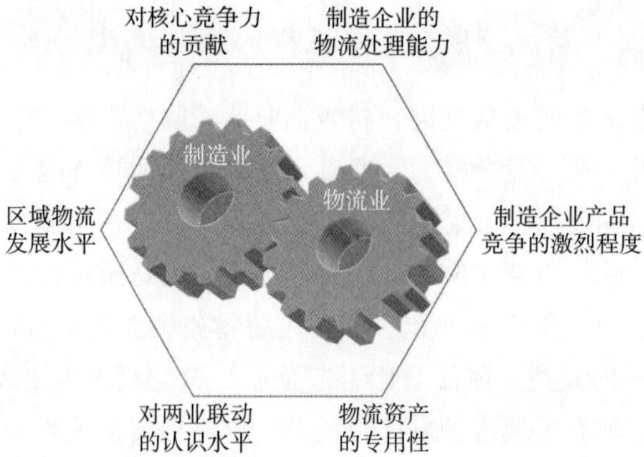

图 2－1　两业联动发展影响因素结构模型

集团选择在自营基础上部分物流业务外包。

2. 制造企业的物流处理能力

Ballow 等学者认为，如果企业的物流处理能力较弱，那么说明物流处理能力并非企业的核心竞争能力，因此，该企业不应该在物流业务上倾注大量资源，而是应该寻找优秀的物流企业结成供应链战略联盟，把物流业务交给其合作伙伴进行处理。

3. 制造企业产品竞争的激烈程度

不同制造行业的市场竞争激烈程度存在差别。市场竞争越激烈，客户需求越高，该制造行业就越容易通过物流外包、供应链一体化等手段来提高物流服务水平，从而提高客户满意度。例如，电子行业市场竞争激烈，该行业也是两业联动较为充分的行业之一。又如，石油行业的垄断性较强，市场竞争的激烈程度不够强烈，该行业物流外包的程度尚待提高。

4. 物流资产的专用性

提供物流服务所需的设施设备专业性越强，则物流外包的环节越少。例如，石油化工、危险品制造、玻璃制造等行业通常需要专业的物流设施设备，而拥有相应设备的物流企业数量较少，且由于设备的专用性强，容易导致单程空驶运力浪费等损失，导致这些行业的联动程度较低。

5. 对两业联动的认识水平

两业联动是一个复杂的系统工程，涉及制造企业的业务流程再造、部门及人员调整等多个方面，如果没有现代物流和供应链管理理念的支撑，如果得不到企业高层领导的支持，制造企业难以迈出联动的步伐或者容易导致联动走向失败。

6. 区域物流发展水平

如果某一个地区内的物流企业数量较少、服务能力较弱、企业声誉较差，那么该区域内的两业联动势必受到冲击。反之，如果某一个地区拥有健康良好的物流环境，物流企业设施设备完备、管理水平先进、信息化水平高，那么制造企业与物流企业进行联动发展的积极性也会相应较高。

主要参考文献

[1] 张秀美，徐时建. 中外现代物流发展的历程与比较 [J]. 浙江理工大学学报，2005，22 (1).

[2] 李红启. 中美现代物流发展阶段比较分析 [J]. 物流技术，2008，27 (1).

[3] 陕西省发展和改革委员会. 关于请协助做好制造业与物流业联动发展研究课题调研工作的通知 [EB/OL]. http://www.sndrc.gov.cn/showfile.jsp? ID=14200.

[4] 山东省经济和信息化委员会. 关于山东省推动"两业"联动发展的有关情况 [C]. 第二届全国制造业与物流业联动发展大会会议资料，2009.

[5] 王亚平. 现代物流业发展与加工制造业升级——关于内地与香港加强物流合作的研究 [J]. 经济前沿，2002 (2).

[6] 王茂林，刘秉镰. 制造业与物流业联动发展中新型合作关系构建研究 [J]. 江苏科技信息：学术版，2009 (2).

[7] 何伟. 瞄准制造业物流是发展我国第三方物流业的关键 [J]. 湖北师范学院学报：自然科学版，2004，24 (3).

[8] 国家发展和改革委员会经济运行局，南开大学现代物流研究中心. 中国现代物流发展报告（2008 年）[M]. 北京：电子工业出版社，2008.

[9] 刘穗宏，刘大成，胡朝晖. 面向敏捷分销供应链体系的博弈分析 [J]. 商场现代化，2006 (8).

[10] 陈晓明. 生产性物流服务业与生产制造业间的关系分析 [J]. 科技信息，2007 (11).

[11] 郭怀英. 韩国生产性服务业促进制造业结构升级研究 [J]. 宏观经济研究，2008 (2).

[12] 孔德洋，徐希燕. 生产性服务业与制造业互动关系研究 [J]. 经济

管理，2008（12）.

［13］覃仁智，张红星．基于制造业与现代物流业联动发展的供应链管理研究［J］．管理世界，2010（7）.

［14］黄有方，严伟．我国制造业与物流业联动发展的趋势及建议［J］．上海海事大学学报，2010（1）.

［15］中国物流与采购网．国家将培育物联网领军企业［EB/OL］．http：//www. chinawuliu. com. cn/cflp/newss/content/201011/647_ 124770. html.

［16］刘伟华，葛美莹．制造业物流2010年回顾2011年展望［J］．物流技术与应用：货运车辆，2011（2）.

［17］沈贞．影响制造企业物流外包决策的关键因素［J］．河北理工大学学报：社会科学版，2009（6）.

［18］王春艳．物流金融业务的发展为中国仓储业注入新活力——从中储“质押监管”创新模式得到的启示［J］．中国高新技术企业，2007（4）.

［19］罗文丽．“两业联动”的政策憧憬［J］．中国物流与采购，2010（12）.

［20］贲立欣．沈阳市制造业与物流业联动发展合作模式分析［J］．中国集体经济，2012（3）.

3 我国制造业与物流业联动发展灰色关联分析

我国学者邓聚龙教授于1982年开创的灰色系统理论是一种研究“仅部分信息已知”的“少数据、贫信息”不确定性问题的系统分析方法，已经赢得国际学术界的广泛肯定，并广泛应用于自然科学、社会科学中众多不确定系统实践问题的定量分析与解决。灰色关联分析的基本思想在于，通过测度序列曲线之间几何形状的相似程度，来判断对应序列之间的联系是否紧密。灰色关联分析的具体方法包括邓氏关联度分析、灰色绝对关联度分析、灰色相对关联度分析、灰色综合关联度分析等。其中，灰色综合关联度分析法是一种较新的、适用于复杂不确定性系统的分析方法，它综合考虑了序列数据绝对量的大小和变化速率的快慢两个方面，是一种较科学的系统分析方法。[①] 有鉴于此，本研究借助灰色综合关联度分析法，对我国制造业与物流业发展的关联程度进行分析，并试图借此来探讨我国制造业和物流业发展的主要影响因素。

3.1 我国制造业发展基本状况

3.1.1 我国工业增加值

因研究数据所限，且制造业增加值占工业增加值的约90%强[②]，故本书以工业增加值代替制造业增加值，将其作为研究近年来我国制造业经济发展总量的一个重要指标。2012年，我国工业增加值高达199670.7亿元，比2011年增长5.94%，增幅比2011年回落11.32%，2006—2012年年均增速达14.71%，如图3－1所示。

---

① 刘思峰，党耀国，方志耕，等．灰色系统理论及其应用［M］．5版．北京：科学出版社，2010.

② 王珍珍．我国制造业与物流业联动发展的时空分异探析——基于灰色关联模型的实证研究［J］．福建师范大学学报：哲学社会科学版，2012（3）．

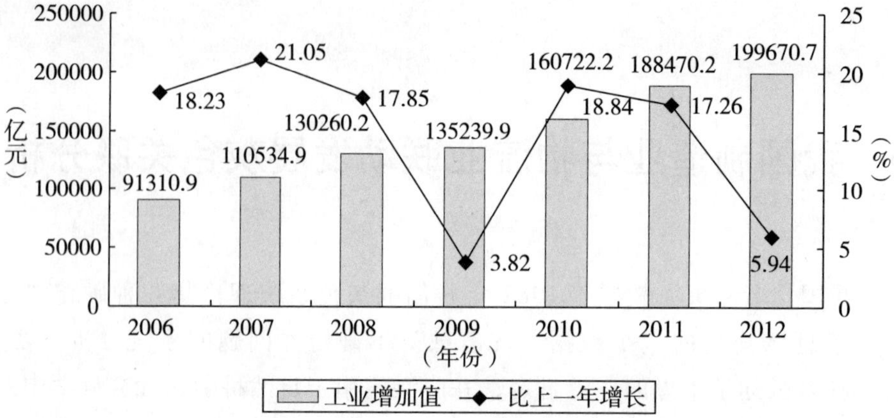

图 3－1　2006—2012 年我国工业增加值及其名义增长率

资料来源：根据《中国统计年鉴》（2006—2013）相关数据整理。

3.1.2　我国制造业法人单位数与城镇单位就业人员数

1. 我国制造业法人单位数

2012 年，我国制造业法人单位数为 2380759 个，比 2011 年增长 6.27%，增幅比 2011 年下降 0.5%，2006—2012 年年均增速达 7.33%，如图 3－2 所示。

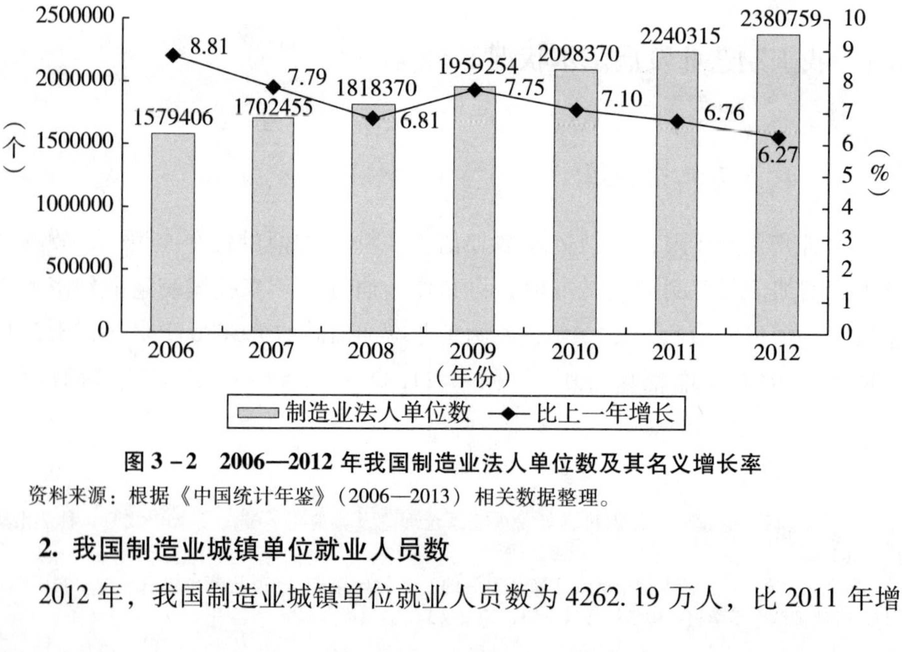

图 3－2　2006—2012 年我国制造业法人单位数及其名义增长率

资料来源：根据《中国统计年鉴》（2006—2013）相关数据整理。

2. 我国制造业城镇单位就业人员数

2012 年，我国制造业城镇单位就业人员数为 4262.19 万人，比 2011 年增长 4.25%，增幅比 2011 年回落 8.15%，2006—2012 年年均增速为 4.20%，如图 3-3 所示。

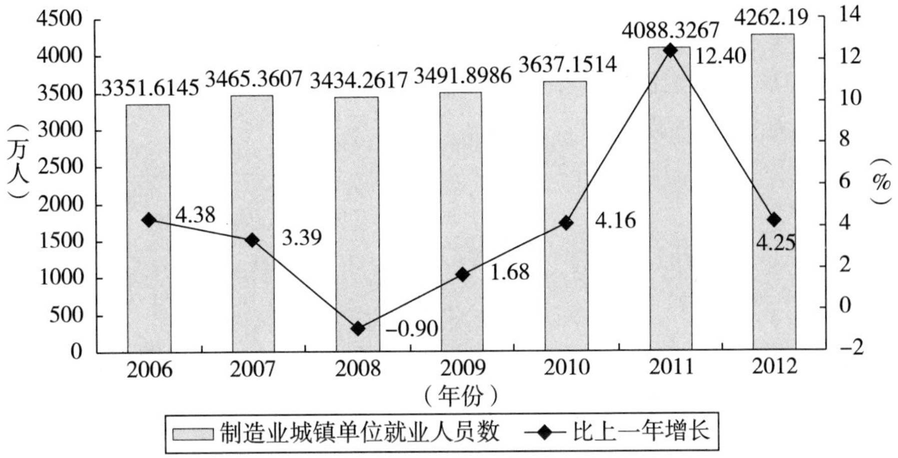

图 3-3　2006—2012 年我国制造业城镇单位就业人员数及其名义增长率

资料来源：根据《中国统计年鉴》（2006—2013）相关数据整理。

3.1.3　我国制造业固定资产投资

2012 年，我国制造业固定资产投资高达 124550 亿元，比 2011 年增长 21.26%，增幅比 2011 年上升 5.36%，2006—2012 年年均增速高达 24.78%，如图 3-4 所示。

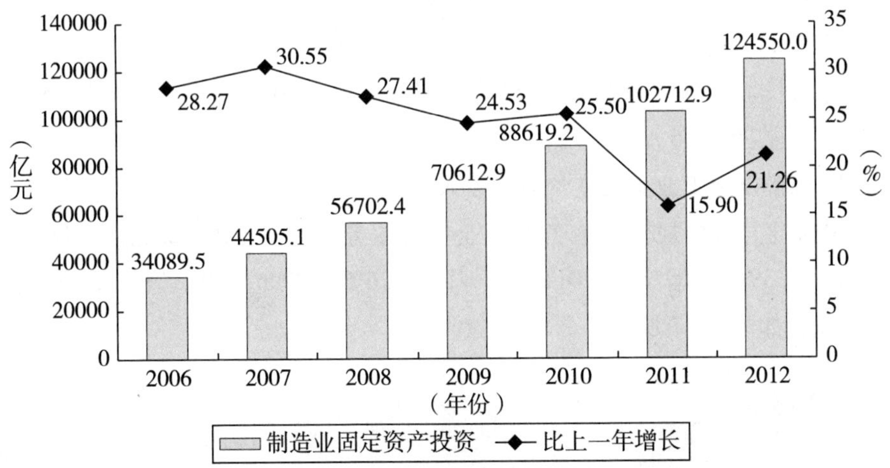

图 3-4　2006—2012 年我国制造业固定资产投资及其名义增长率

资料来源：根据《中国统计年鉴》（2006—2013）相关数据整理。

3.1.4 规模以上工业企业主要指标

1. 规模以上工业企业资产总计

2012年，我国规模以上工业企业资产总计高达768421亿元，比2011年增长13.71%，增幅比2011年小幅回落0.28%，2006—2012年年均增速高达17.80%，如图3-5所示。

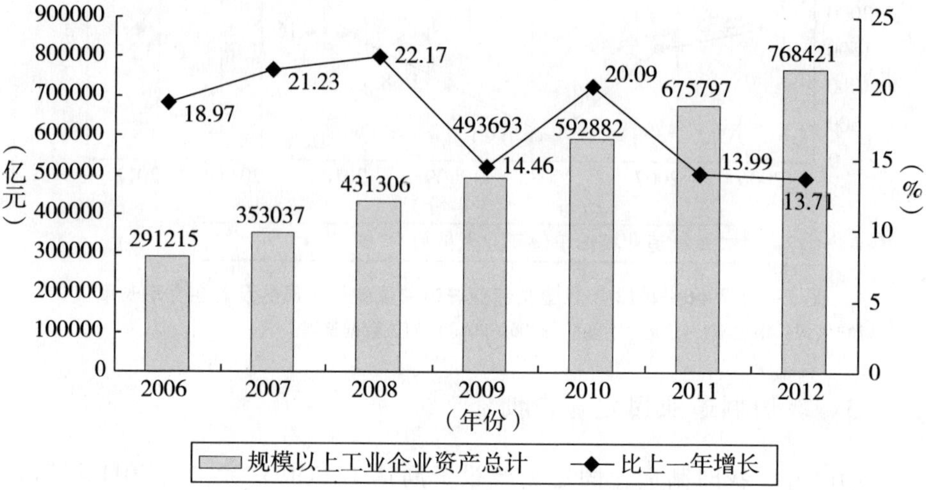

图3-5 2006—2012年我国规模以上工业企业资产总计及其名义增长率

资料来源：根据《中国统计年鉴》（2006—2013）相关数据整理。

2. 规模以上工业企业流动资产合计

2012年，我国规模以上工业企业流动资产合计为368200.71亿元，比2011年增长12.3%，增幅比2011年下降5.1%，2006—2012年年均增速达18.76%，如图3-6所示。

3. 规模以上工业企业主营业务收入

2012年，我国规模以上工业企业主营业务收入为929292亿元，比2011年增长10.39%，增幅比2011年下降10.26%，2006—2012年年均增速达20.98%，如图3-7所示。

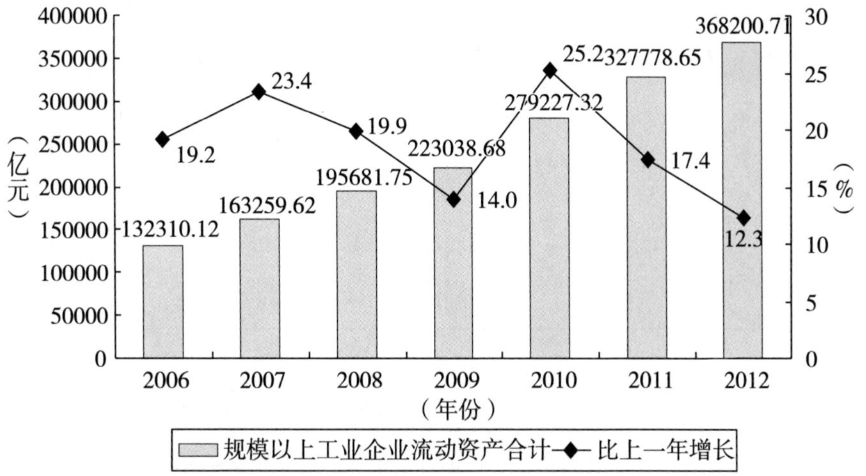

图 3-6　2006—2012 年我国规模以上工业企业流动资产合计及其名义增长率

资料来源：根据《中国统计年鉴》（2006—2013）相关数据整理。

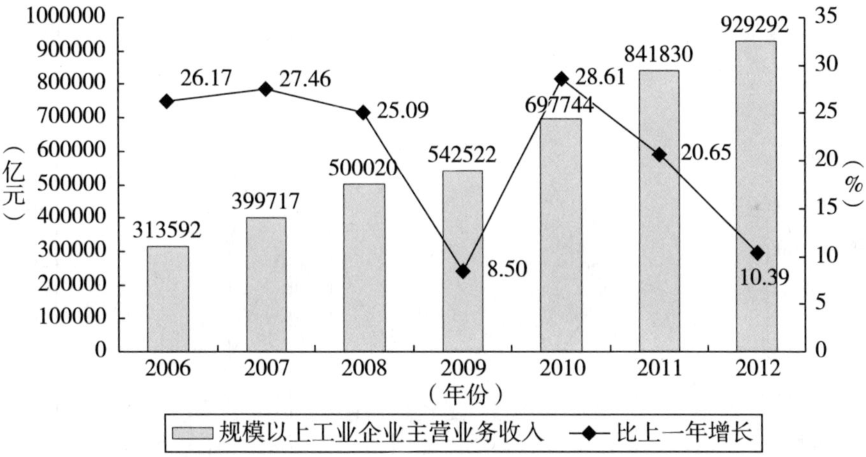

图 3-7　2006—2012 年我国规模以上工业企业主营业务收入及其名义增长率

资料来源：根据《中国统计年鉴》（2006—2013）相关数据整理。

4. 规模以上工业企业主营业务成本

2012 年，我国规模以上工业企业主营业务成本为 784541.19 亿元，比 2011 年增长 10.8%，增幅比 2011 年下降 10.2%，2006—2012 年年均增速达 20.98%，如图 3-8 所示。

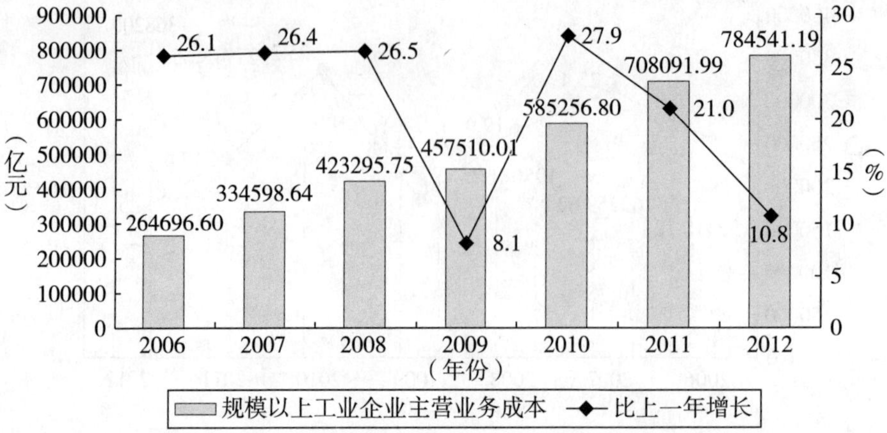

图 3－8　2006—2012 年我国规模以上工业企业主营业务成本及其名义增长率

资料来源：根据《中国统计年鉴》（2006—2013）相关数据整理。

5. 规模以上工业企业利润总额

2012 年，我国规模以上工业企业利润总额为 61910 亿元，比 2011 年增长 0.84%，增幅比 2011 年下降 14.9%，2006—2012 年年均增速达 23.81%，如图 3－9 所示。

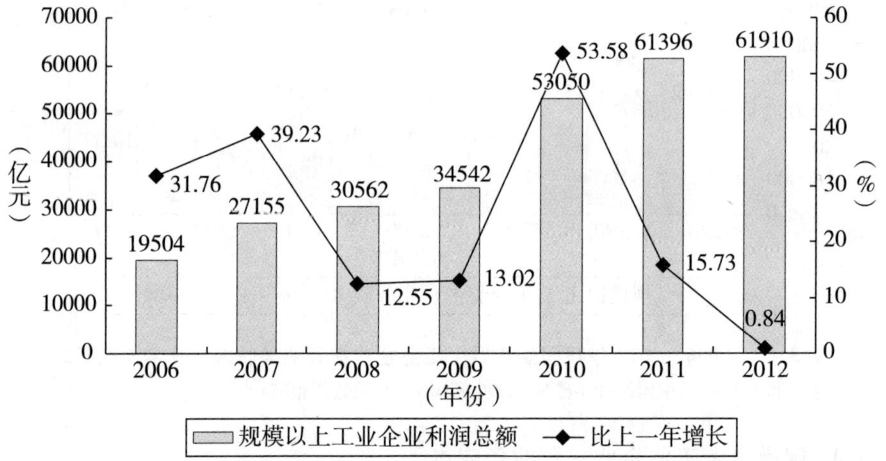

图 3－9　2006—2012 年我国规模以上工业企业利润总额及其名义增长率

资料来源：根据《中国统计年鉴》（2006—2013）相关数据整理。

3.2 我国物流业发展基本状况

3.2.1 我国物流运行总体状况

1. 我国社会物流总费用

2013 年，我国社会物流总费用为 10.2 万亿元，比 2012 年同比增长 9.5%，增幅比 2011 年下降 2.1%，2006—2013 年年均增速达 13.88%，如图 3－10 所示。

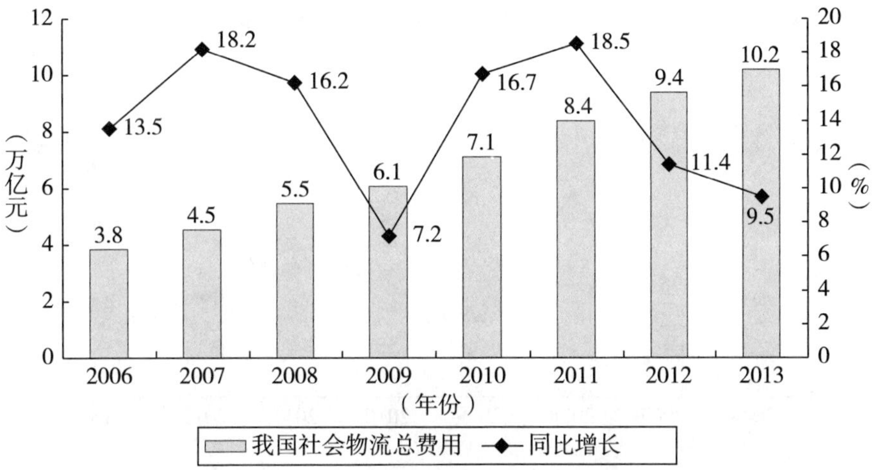

图 3－10 2006—2013 年我国社会物流总费用及其增长率

资料来源：根据《全国物流运行情况通报》（2006—2013）相关数据整理。

社会物流总费用与 GDP 的比率是反映社会物流活动运行效率及运行成本高低的重要指标之一。2013 年，我国社会物流总费用与 GDP 的比率为 18.0%，与 2012 年基本持平，如图 3－11 所示。2006—2013 年，我国社会物流总费用与 GDP 的比率均值为 18.06%，我国物流业运行效率尚待提升。

2. 我国社会物流总额

2013 年，我国社会物流总额为 197.8 万亿元，比 2012 年同比增长 9.5%，增幅比 2012 年下降 0.3%，2006—2013 年年均增速达 15.46%，如图 3－12 所示。

3. 我国物流业增加值

2013 年，我国物流业增加值为 3.9 万亿元，比 2012 年同比增长 8.5%，增

图 3－11　2006—2013 年我国社会物流总费用与 GDP 的比率

资料来源：根据《全国物流运行情况通报》(2006—2013) 相关数据整理。

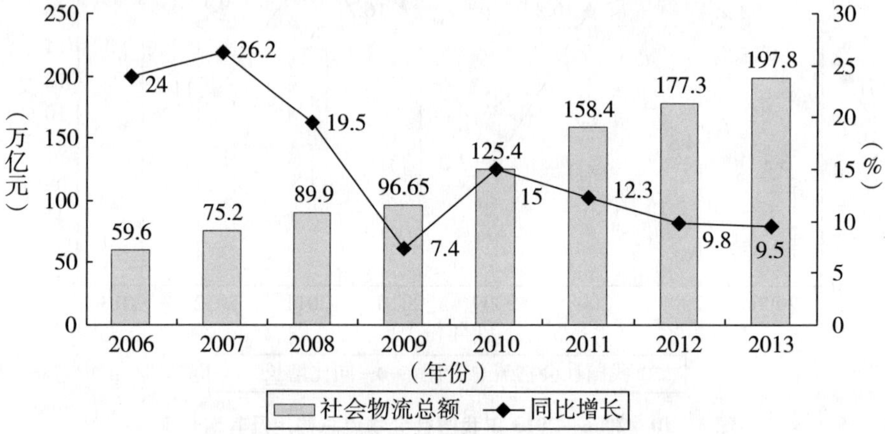

图 3－12　2006—2013 年我国社会物流总额及其增长率

资料来源：根据《全国物流运行情况通报》(2006—2013) 相关数据整理。

幅比 2012 年下降约 0.6%，2006—2013 年年均增速达 12.5%，如图 3－13 所示。

3.2.2　我国物流业发展主要相关指标

1. 交通运输、仓储和邮政业法人单位数

2012 年，我国交通运输、仓储和邮政业法人单位数为 249832 个，比 2011 年增长 13.75%，增幅比 2011 年下降 1.6%，2006—2012 年年均增速达 15.66%，如图 3－14 所示。

2. 交通运输、仓储和邮政业固定资产投资

2012 年，我国交通运输、仓储和邮政业固定资产投资为 31444.9 亿元，

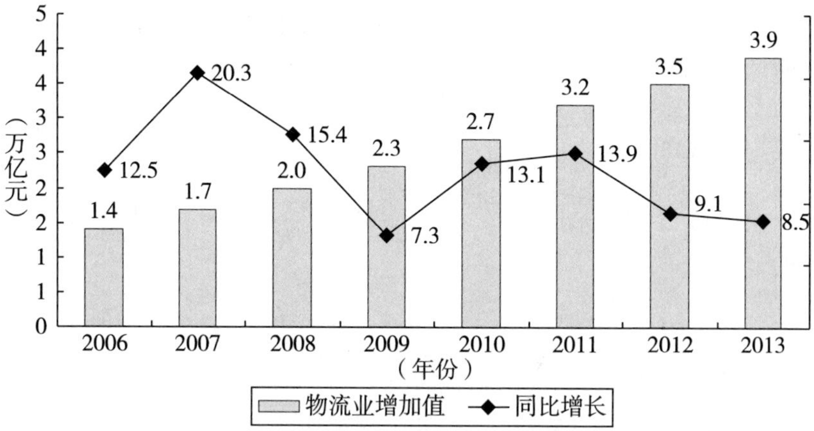

图 3－13　2006—2013 年我国物流业增加值及其增长率

资料来源：根据《全国物流运行情况通报》（2006—2013）相关数据整理。

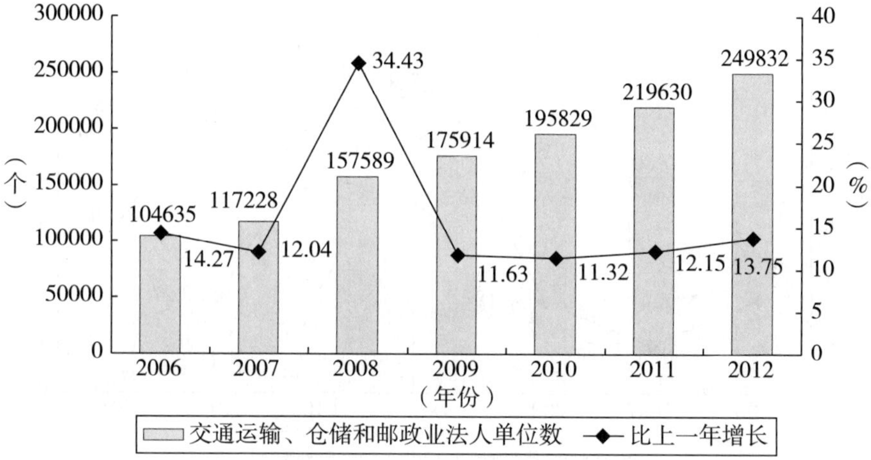

图 3－14　2006—2012 年我国交通运输、仓储和邮政业法人单位数及其名义增长率

资料来源：根据《中国统计年鉴》（2006—2013）相关数据整理。

比 2011 年增长 11.15%，增幅比 2011 年上升 17.07%，2006—2012 年年均增速达 19.35%，如图 3－15 所示。

3. 运输线路长度

2012 年，我国运输线路长度为 9.76 万千米，比 2011 年增长 4.69%，增幅比 2011 年上升了 2.42%，2006—2012 年年均增速达 3.78%，如图 3－16 所示。

4. 货运量

2012 年，我国货运量为 4099400 万吨，比 2011 年增长 10.89%，增幅比 2011 年下降了 3.15%，2006—2012 年年均增速达 11.95%，如图3－17所示。

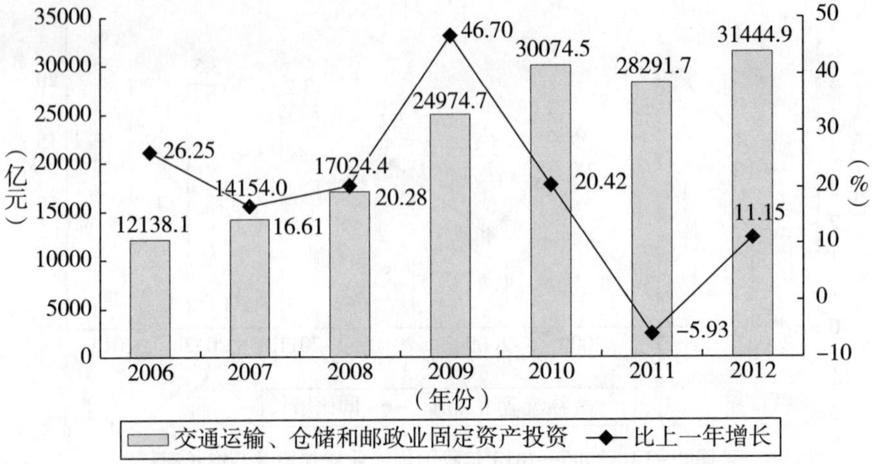

图 3－15　2006—2012 年我国交通运输、仓储和邮政业固定资产投资及其名义增长率

资料来源：根据《中国统计年鉴》（2006—2013）相关数据整理。

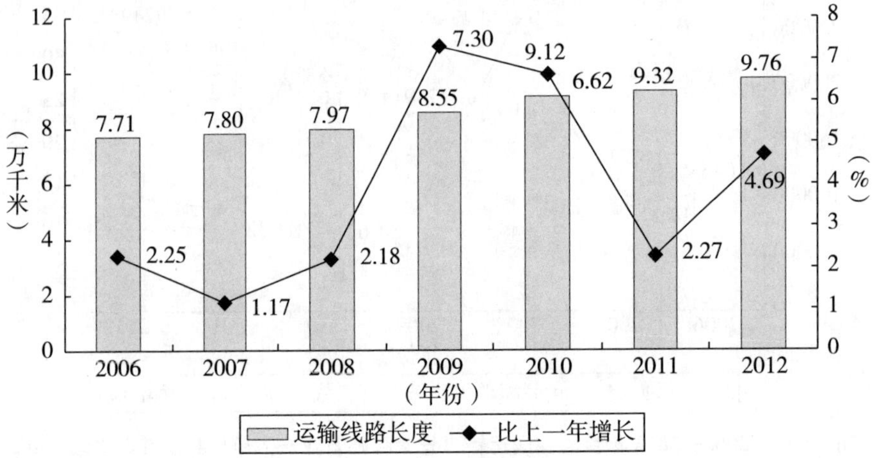

图 3－16　2006—2012 年我国运输线路长度及其名义增长率

资料来源：根据《中国统计年鉴》（2006—2013）相关数据整理。

5. 货物周转量

2012 年，我国货物周转量为 173771 亿吨 · 千米，比 2011 年增长 9.07%，增幅比 2011 年下降了 3.26%，2006—2012 年年均增速达 11.70%，如图 3－18所示。

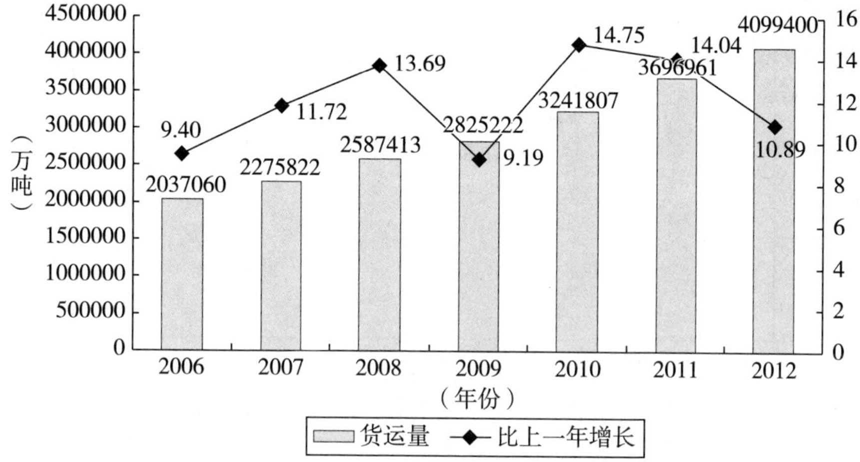

图 3－17　2006—2012 年我国货运量及其名义增长率

资料来源：根据《中国统计年鉴》（2006—2013）相关数据整理。

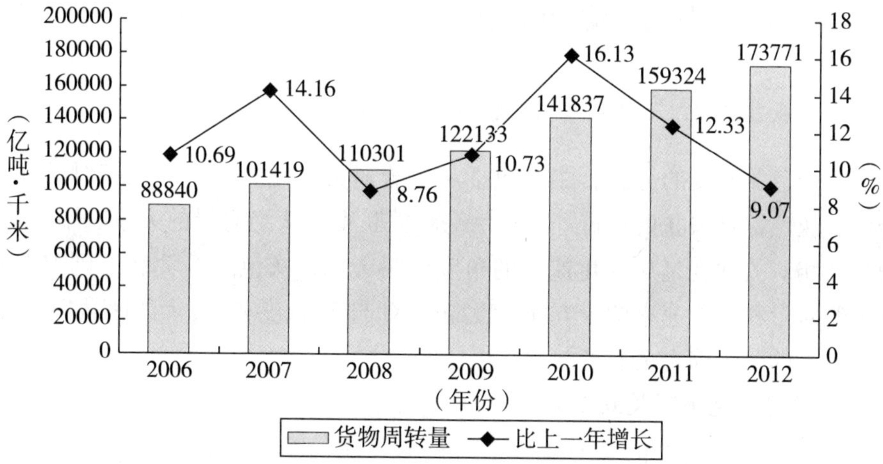

图 3－18　2006—2012 年我国货物周转量及其名义增长率

资料来源：根据《中国统计年鉴》（2006—2013）相关数据整理。

6. 沿海规模以上港口货物吞吐量

2012 年，我国沿海规模以上港口货物吞吐量为 665245 万吨，比 2011 年增长 7.94%，增幅比 2011 年下降了 4.45%，2006—2012 年年均增速达 12.48%，如图 3－19 所示。

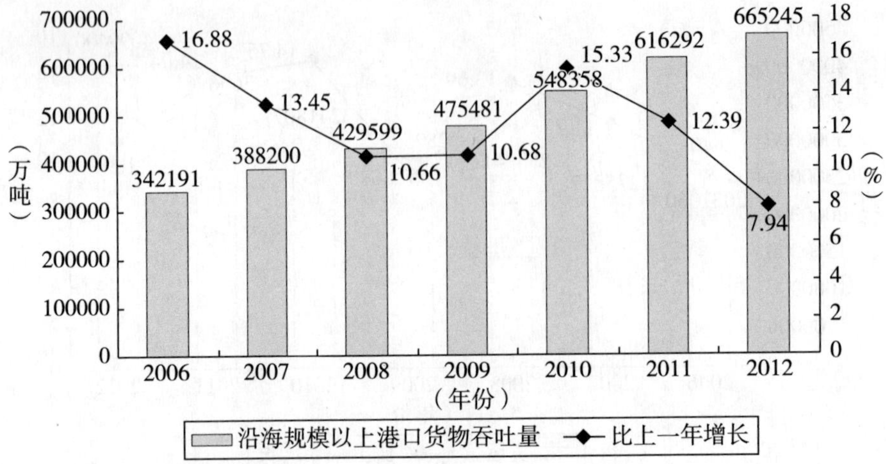

图 3-19 2006—2012 年我国沿海规模以上港口货物吞吐量及其名义增长率

资料来源：根据《中国统计年鉴》（2006—2013）相关数据整理。

3.3 我国制造业与物流业联动发展灰色综合关联度计算

3.3.1 灰色综合关联度分析建模步骤①

对灰色关联度的分析，主要包括灰色绝对关联度分析、灰色相对关联度分析、灰色综合关联度分析等。灰色绝对关联度是从绝对量的关系着眼考虑，而灰色相对关联度是从变化速率的角度着眼考虑，灰色综合关联度则综合考虑了绝对量和变化速率两个方面。设序列 X_i 与 X_j 长度相同，可以按如下步骤计算二者的灰色综合关联度。

1. 计算灰色绝对关联度 ε_{ij}

（1）计算始点零化像 X_i^0、X_j^0

$$X_i^0 = (x_i(1) - x_i(1), x_i(2) - x_i(1), \cdots, x_i(n) - x_i(1)) = (x_i^0(1), x_i^0(2), \cdots, x_i^0(n)) \tag{3-1}$$

$$X_j^0 = (x_j(1) - x_j(1), x_j(2) - x_j(1), \cdots, x_j(n) - x_j(1)) = (x_j^0(1), x_j^0(2), \cdots, x_j^0(n)) \tag{3-2}$$

① 刘思峰，党耀国，方志耕，等．灰色系统理论及其应用［M］．5 版．北京：科学出版社，2010；王茂林，冯雷鸣，王冠辉．天津市制造业与物流业联动发展灰色综合关联度分析［J］．物流技术，2013（12）．

（2）计算 $|s_i|$、$|s_j|$、$|s_i - s_j|$

$$|s_i| = \left|\sum_{k=2}^{n-1} x_i^0(k) + \frac{1}{2}x_i^0(n)\right| \tag{3-3}$$

$$|s_j| = \left|\sum_{k=2}^{n-1} x_j^0(k) + \frac{1}{2}x_j^0(n)\right| \tag{3-4}$$

$$|s_i - s_j| = \left|\sum_{k=2}^{n-1} (x_i^0(k) - x_j^0(k)) + \frac{1}{2}(x_i^0(n) - x_j^0(n))\right| \tag{3-5}$$

（3）汇总计算 ε_{ij}

$$\varepsilon_{ij} = \frac{1 + |s_i| + |s_j|}{|s_i| + |s_j| + |s_i - s_j|} \tag{3-6}$$

2. 计算灰色相对关联度 r_{ij}

（1）计算初值像 X'_i、X'_j

$$X'_i = \left(\frac{x_i(1)}{x_i(1)}, \frac{x_i(2)}{x_i(1)}, \cdots, \frac{x_i(n)}{x_i(1)}\right) = (x'_i(1), x'_i(2), \cdots, x'_i(n)) \tag{3-7}$$

$$X'_j = \left(\frac{x_j(1)}{x_j(1)}, \frac{x_j(2)}{x_j(1)}, \cdots, \frac{x_j(n)}{x_j(1)}\right) = (x'_j(1), x'_j(2), \cdots, x'_j(n)) \tag{3-8}$$

（2）计算初值像的始点零化像 X'^0_i、X'^0_j

$$X'^0_i = (x'_i(1) - x'_i(1), x'_i(2) - x'_i(1), \cdots, x'_i(n) - x'_i(1)) = (x'^0_i(1), x'^0_i(2), \cdots, x'^0_i(n)) \tag{3-9}$$

$$X'^0_j = (x'_j(1) - x'_j(1), x'_j(2) - x'_j(1), \cdots, x'_j(n) - x'_j(1)) = (x'^0_j(1), x'^0_j(2), \cdots, x'^0_j(n)) \tag{3-10}$$

（3）计算 $|s'_i|$、$|s'_j|$、$|s'_i - s'_j|$

$$|s'_i| = \left|\sum_{k=2}^{n-1} x'^0_i(k) + \frac{1}{2}x'^0_i(n)\right| \tag{3-11}$$

$$|s'_j| = \left|\sum_{k=2}^{n-1} x'^0_j(k) + \frac{1}{2}x'^0_j(n)\right| \tag{3-12}$$

$$|s'_i - s'_j| = \left|\sum_{k=2}^{n-1} (x'^0_i(k) - x'^0_j(k)) + \frac{1}{2}(x'^0_i(n) - x'^0_j(n))\right| \tag{3-13}$$

（4）汇总计算 r_{ij}

$$r_{ij} = \frac{1 + |s'_i| + |s'_j|}{|s'_i| + |s'_j| + |s'_i - s'_j|} \tag{3-14}$$

3. 计算灰色综合关联度 ρ_{ij}

$$\rho_{ij} = \theta\varepsilon_{ij} + (1 - \theta) r_{ij} \tag{3-15}$$

3.3.2 评价指标的选取

基于研究数据的可得性、典型性、全面性等原则，本书选取制造业、物流业评价指标，如表 3－1 所示。

表 3－1　我国制造业与物流业联动发展灰色关联度评价指标体系

待评价系统	评价指标名称及单位	因子代码
制造业系统	工业增加值（亿元）	Y_1
	制造业法人单位数（个）	Y_2
	制造业固定资产投资（亿元）	Y_3
	规模以上工业企业资产总计（亿元）	Y_4
	规模以上工业企业流动资产合计（亿元）	Y_5
	规模以上工业企业主营业务收入（亿元）	Y_6
	规模以上工业企业主营业务成本（亿元）	Y_7
	规模以上工业企业利润总额（亿元）	Y_8
	制造业城镇单位就业人员数（万人）	Y_9
物流业系统	社会物流总额（万亿元）	X_1
	社会物流总费用（万亿元）	X_2
	物流业增加值（万亿元）	X_3
	交通运输、仓储和邮政业法人单位数（个）	X_4
	交通运输、仓储和邮政业固定资产投资（亿元）	X_5
	交通运输、仓储和邮政业城镇单位就业人员数（万人）	X_6

续 表

待评价系统	评价指标名称及单位	因子代码
制造业系统	运输线路长度（万千米）	X_7
	铁路营业里程（万千米）	X_8
	公路里程（万千米）	X_9
	内河航道里程（万千米）	X_{10}
	定期航班航线里程（万千米）	X_{11}
	货运量（万吨）	X_{12}
	铁路货运量（万吨）	X_{13}
	公路货运量（万吨）	X_{14}
	水运货运量（万吨）	X_{15}
	沿海规模以上港口货物吞吐量（万吨）	X_{16}
	水运（远洋）货运量（万吨）	X_{17}
	水运（剔除远洋）货运量（万吨）	X_{18}
	民航货运量（万吨）	X_{19}
	货物周转量（亿吨·千米）	X_{20}
	铁路货物周转量（亿吨·千米）	X_{21}
	公路货物周转量（亿吨·千米）	X_{22}
	水运（远洋）货物周转量（亿吨·千米）	X_{23}
	水运（远洋）货物周转量（亿吨·千米）	X_{24}
	水运（剔除远洋）货物周转量（亿吨·千米）	X_{25}
	民航货物周转量（亿吨·千米）	X_{26}
	国家铁路货车拥有量（辆）	X_{27}
	民用载货汽车拥有量（万辆）	X_{28}
	民用机动运输船舶净载重量（吨位）	X_{29}
	民用运输飞机架数（架）	X_{30}

2006—2012 年我国制造业与物流业联动发展评价指标原始数据如表 3－2 所示。

表 3－2　2006—2012 年我国制造业与物流业联动发展评价指标原始数据

待评价系统	因子代码	2006 年	2007 年	2008 年	2009 年	2010 年	2011 年	2012 年
制造业系统	Y_1	91310.93629	110534.876	130260.24	135239.95	160722.2317	188470.153	199670.66
	Y_2	1579406	1702455	1818370	1959254	2098370	2240315	2380759
	Y_3	34089.5077	44505.1293	56702.3562	70612.8988	88619.2039	102712.854	124550.044
	Y_4	291215	353037	431306	493693	592882	675796.86	768421.2
	Y_5	132310.12	163259.62	195681.75	223038.68	279227.32	327778.65	368200.71
	Y_6	313592	399717	500020	542522	697744	841830.24	929291.51
	Y_7	264696.6	334598.64	423295.75	457510.01	585256.8	708091.99	784541.19
	Y_8	19504	27155	30562	34542	53050	61396.33	61910.06
	Y_9	3351.6145	3465.3607	3434.2617	3491.8986	3637.1514	4088.3267	4262.1887
	X_1	59.6	75.2283	89.9	96.65	125.4	158.4	177.3
	X_2	3.8414	4.5406	5.4542	6.08	7.1	8.4	9.4
	X_3	1.412	1.6981	1.9965	2.31	2.7	3.2	3.5
	X_4	104635	117228	157589	175914	195829	219630	249832
	X_5	12138.1244	14154.0057	17024.3607	24974.6702	30074.4793	28291.6646	31444.9036
	X_6	612.7345	623.0512	627.2575	634.3697	631.1113	662.7893	667.5203
	X_7	7.71	7.8	7.97	8.5517886	9.1178479	9.3249643	9.7625484
	X_8	7.70838	7.7965903	7.9687282	8.5517886	9.1178479	9.3249643	9.7625484
	X_9	345.6999	358.3715	373.0164	386.0823	400.8229	410.6387	423.7508
	X_{10}	12.338827	12.349518	12.276349	12.3683	12.424178	12.4612	12.499463
	X_{11}	211.3505	234.2961	246.184	234.5085	276.5147	349.0571	328.0114
	X_{12}	2037060	2275822	2587413	2825221.94	3241806.689	3696961.09	4099400.31
	X_{13}	288224.00	314237.00	330354.14	333347.92	364270.80	393262.89	390437.51

续 表

待评价系统	因子代码	2006 年	2007 年	2008 年	2009 年	2010 年	2011 年	2012 年
物流业系统	X_{14}	1466347. 00	1639432. 00	1916759. 00	2127834. 00	2448052. 00	2820100. 00	3188475. 00
	X_{15}	248703	281199	294510	318996	378949	425968	458705
	X_{16}	342191. 00	388200. 00	429599	475480. 585	548358	616292	665245
	X_{17}	54413. 00	58903. 00	42352. 00	51733. 00	58054. 00	63542. 00	65815. 00
	X_{18}	194290. 00	222296. 00	252158. 00	267263. 00	320895. 00	362426. 00	392890. 00
	X_{19}	349. 43196	401. 84851	407. 63762	445. 5347	563. 03705	557. 477	545. 03422
	X_{20}	88840	101419	110301	122133. 313	141837. 423	159323. 6	173770. 706
	X_{21}	21954. 41	23797	25106. 2817	25239. 1692	27644. 13317	29465. 7852	29187. 086
	X_{22}	9754. 2476	11354. 6872	32868. 1861	37188. 8205	43389. 6721	51374. 7406	59534. 8647
	X_{23}	55486	64285	50263	57556. 6722	68427. 5264	75423. 8358	81707. 5789
	X_{24}	42577. 2996	48685. 8941	32851	39524	45999	49355	53412. 1005
	X_{25}	12908. 4499	15598. 9519	17411. 7045	18032. 6722	22428. 5264	26068. 8358	28295. 4784
	X_{26}	94. 27526	116. 386674	119. 602272	126. 230702	178. 89816	173. 91	163. 889362
	X_{27}	558483. 00	571078. 00	584961. 00	594388. 00	622284. 00	644677. 00	664333. 00
	X_{28}	2619. 5686	3195. 9943	3838. 922	4845. 0888	6124. 1316	7478. 3699	8943. 0115
	X_{29}	98241489	106441173	111047702	133384848	168985654	202602789	218793742
	X_{30}	998	1134	1259	1417	1597	1764	1941

资料来源：根据《中国统计年鉴》（2006—2013）相关数据整理。

3. 3. 3 计算结果及分析

灰色绝对关联度、灰色相对关联度及灰色综合关联度计算结果如表 3 - 3 所示。

表 3 - 3 灰色关联度计算结果

比较指标	绝对关联度（ε_{xy}）	相对关联度（r_{xy}）	综合关联度（ρ_{xy}）
Y_1 和 X_1	0. 5005	0. 8577	0. 6791
Y_1 和 X_2	0. 5000	0. 9542	0. 7271

续 表

比较指标	绝对关联度（ε_{xy}）	相对关联度（r_{xy}）	综合关联度（ρ_{xy}）
Y_1 和 X_3	0.5000	0.9320	0.7160
Y_1 和 X_4	0.8884	0.9512	0.9198
Y_1 和 X_5	0.5983	0.8522	0.7252
Y_1 和 X_6	0.5002	0.5907	0.5455
Y_1 和 X_7	0.5000	0.6462	0.5731
Y_1 和 X_8	0.5000	0.6462	0.5731
Y_1 和 X_9	0.5004	0.6478	0.5741
Y_1 和 X_{10}	0.5000	0.5646	0.5323
Y_1 和 X_{11}	0.5005	0.7625	0.6315
Y_1 和 X_{12}	0.5295	0.8948	0.7122
Y_1 和 X_{13}	0.9673	0.7104	0.8389
Y_1 和 X_{14}	0.5360	0.9406	0.7383
Y_1 和 X_{15}	0.7877	0.8415	0.8146
Y_1 和 X_{16}	0.6777	0.8909	0.7843
Y_1 和 X_{17}	0.5127	0.5806	0.5467
Y_1 和 X_{18}	0.7920	0.9145	0.8532
Y_1 和 X_{19}	0.5011	0.8194	0.6603
Y_1 和 X_{20}	0.8613	0.8873	0.8743
Y_1 和 X_{21}	0.5389	0.7036	0.6212
Y_1 和 X_{22}	0.7359	0.6252	0.6805
Y_1 和 X_{23}	0.5800	0.6772	0.6286
Y_1 和 X_{24}	0.5139	0.5880	0.5509
Y_1 和 X_{25}	0.5661	0.9717	0.7689
Y_1 和 X_{26}	0.5004	0.9279	0.7142
Y_1 和 X_{27}	0.9304	0.6236	0.7770
Y_1 和 X_{28}	0.5241	0.8136	0.6688
Y_1 和 X_{29}	0.5006	0.9296	0.7151

续 表

比较指标	绝对关联度（ε_{xy}）	相对关联度（r_{xy}）	综合关联度（ρ_{xy}）
Y_1 和 X_{30}	0.5041	0.8912	0.6977
Y_2 和 X_1	0.5001	0.6746	0.5874
Y_2 和 X_2	0.5000	0.7217	0.6109
Y_2 和 X_3	0.5000	0.7110	0.6055
Y_2 和 X_4	0.5895	0.7203	0.6549
Y_2 和 X_5	0.5137	0.6719	0.5928
Y_2 和 X_6	0.5000	0.6858	0.5929
Y_2 和 X_7	0.5000	0.7994	0.6497
Y_2 和 X_8	0.5000	0.7995	0.6498
Y_2 和 X_9	0.5001	0.8026	0.6513
Y_2 和 X_{10}	0.5000	0.6323	0.5662
Y_2 和 X_{11}	0.5001	0.9650	0.7325
Y_2 和 X_{12}	0.7122	0.8092	0.7607
Y_2 和 X_{13}	0.5744	0.9310	0.7527
Y_2 和 X_{14}	0.7591	0.7771	0.7681
Y_2 和 X_{15}	0.6208	0.8575	0.7391
Y_2 和 X_{16}	0.6956	0.8123	0.7539
Y_2 和 X_{17}	0.5018	0.6652	0.5835
Y_2 和 X_{18}	0.6190	0.7945	0.7068
Y_2 和 X_{19}	0.5002	0.8821	0.6912
Y_2 和 X_{20}	0.5502	0.8152	0.6827
Y_2 和 X_{21}	0.5054	0.9169	0.7112
Y_2 和 X_{22}	0.5328	0.5611	0.5470
Y_2 和 X_{23}	0.5111	0.8630	0.6871
Y_2 和 X_{24}	0.5019	0.6802	0.5911
Y_2 和 X_{25}	0.5092	0.7588	0.6340
Y_2 和 X_{26}	0.5001	0.7853	0.6427

续 表

比较指标	绝对关联度（ε_{xy}）	相对关联度（r_{xy}）	综合关联度（ρ_{xy}）
Y_2 和 X_{27}	0. 5598	0. 7531	0. 6565
Y_2 和 X_{28}	0. 5033	0. 6531	0. 5782
Y_2 和 X_{29}	0. 5040	0. 7841	0. 6441
Y_2 和 X_{30}	0. 5006	0. 8120	0. 6563
Y_3 和 X_1	0. 5006	0. 8771	0. 6889
Y_3 和 X_2	0. 5000	0. 7970	0. 6485
Y_3 和 X_3	0. 5000	0. 8122	0. 6561
Y_3 和 X_4	0. 7862	0. 7989	0. 7926
Y_3 和 X_5	0. 6334	0. 8830	0. 7582
Y_3 和 X_6	0. 5003	0. 5489	0. 5246
Y_3 和 X_7	0. 5000	0. 5789	0. 5394
Y_3 和 X_8	0. 5000	0. 5789	0. 5395
Y_3 和 X_9	0. 5005	0. 5797	0. 5401
Y_3 和 X_{10}	0. 5000	0. 5349	0. 5174
Y_3 和 X_{11}	0. 5007	0. 6416	0. 5712
Y_3 和 X_{12}	0. 5217	0. 7130	0. 6174
Y_3 和 X_{13}	0. 8444	0. 6135	0. 7290
Y_3 和 X_{14}	0. 5265	0. 7377	0. 6321
Y_3 和 X_{15}	0. 7120	0. 6842	0. 6981
Y_3 和 X_{16}	0. 6309	0. 7109	0. 6709
Y_3 和 X_{17}	0. 5173	0. 5435	0. 5304
Y_3 和 X_{18}	0. 7152	0. 7236	0. 7194
Y_3 和 X_{19}	0. 5015	0. 6723	0. 5869
Y_3 和 X_{20}	0. 9902	0. 7090	0. 8496
Y_3 和 X_{21}	0. 5527	0. 6098	0. 5813
Y_3 和 X_{22}	0. 8200	0. 7321	0. 7761
Y_3 和 X_{23}	0. 6085	0. 5956	0. 6021

续 表

比较指标	绝对关联度 (ε_{xy})	相对关联度 (r_{xy})	综合关联度 (ρ_{xy})
Y_3 和 X_{24}	0. 5188	0. 5475	0. 5331
Y_3 和 X_{25}	0. 5897	0. 7545	0. 6721
Y_3 和 X_{26}	0. 5006	0. 7309	0. 6157
Y_3 和 X_{27}	0. 9281	0. 5667	0. 7474
Y_3 和 X_{28}	0. 5327	0. 9301	0. 7314
Y_3 和 X_{29}	0. 5004	0. 7318	0. 6161
Y_3 和 X_{30}	0. 5056	0. 7111	0. 6083
Y_4 和 X_1	0. 5001	0. 9489	0. 7245
Y_4 和 X_2	0. 5000	0. 9386	0. 7193
Y_4 和 X_3	0. 5000	0. 9611	0. 7305
Y_4 和 X_4	0. 6563	0. 9415	0. 7989
Y_4 和 X_5	0. 5239	0. 9419	0. 7329
Y_4 和 X_6	0. 5001	0. 5723	0. 5362
Y_4 和 X_7	0. 5000	0. 6165	0. 5582
Y_4 和 X_8	0. 5000	0. 6165	0. 5583
Y_4 和 X_9	0. 5001	0. 6177	0. 5589
Y_4 和 X_{10}	0. 5000	0. 5515	0. 5257
Y_4 和 X_{11}	0. 5001	0. 7092	0. 6047
Y_4 和 X_{12}	0. 6214	0. 8146	0. 7180
Y_4 和 X_{13}	0. 6299	0. 6677	0. 6488
Y_4 和 X_{14}	0. 6483	0. 8511	0. 7497
Y_4 和 X_{15}	0. 7111	0. 7721	0. 7416
Y_4 和 X_{16}	0. 8417	0. 8115	0. 8266
Y_4 和 X_{17}	0. 5031	0. 5643	0. 5337
Y_4 和 X_{18}	0. 7080	0. 8303	0. 7691
Y_4 和 X_{19}	0. 5003	0. 7545	0. 6274
Y_4 和 X_{20}	0. 5877	0. 8086	0. 6982

续 表

比较指标	绝对关联度 (ε_{xy})	相对关联度 (r_{xy})	综合关联度 (ρ_{xy})
Y_4 和 X_{21}	0.5094	0.6622	0.5858
Y_4 和 X_{22}	0.5573	0.6572	0.6072
Y_4 和 X_{23}	0.5194	0.6412	0.5803
Y_4 和 X_{24}	0.5034	0.5701	0.5367
Y_4 和 X_{25}	0.5161	0.8759	0.6960
Y_4 和 X_{26}	0.5001	0.8410	0.6705
Y_4 和 X_{27}	0.6045	0.5985	0.6015
Y_4 和 X_{28}	0.5058	0.8935	0.6997
Y_4 和 X_{29}	0.5023	0.8423	0.6723
Y_4 和 X_{30}	0.5010	0.8118	0.6564
Y_5 和 X_1	0.5002	0.9766	0.7384
Y_5 和 X_2	0.5000	0.9131	0.7066
Y_5 和 X_3	0.5000	0.9342	0.7171
Y_5 和 X_4	0.8220	0.9158	0.8689
Y_5 和 X_5	0.5492	0.9693	0.7592
Y_5 和 X_6	0.5001	0.5681	0.5341
Y_5 和 X_7	0.5000	0.6097	0.5548
Y_5 和 X_8	0.5000	0.6097	0.5549
Y_5 和 X_9	0.5002	0.6109	0.5555
Y_5 和 X_{10}	0.5000	0.5485	0.5242
Y_5 和 X_{11}	0.5003	0.6970	0.5986
Y_5 和 X_{12}	0.5590	0.7963	0.6776
Y_5 和 X_{13}	0.7676	0.6579	0.7128
Y_5 和 X_{14}	0.5720	0.8306	0.7013
Y_5 和 X_{15}	0.9347	0.7563	0.8455
Y_5 和 X_{16}	0.8552	0.7933	0.8243
Y_5 和 X_{17}	0.5064	0.5605	0.5334

续 表

比较指标	绝对关联度 (ε_{xy})	相对关联度 (r_{xy})	综合关联度 (ρ_{xy})
Y_5 和 X_{18}	0.9283	0.8111	0.8697
Y_5 和 X_{19}	0.5006	0.7397	0.6201
Y_5 和 X_{20}	0.6807	0.7906	0.7357
Y_5 和 X_{21}	0.5194	0.6528	0.5861
Y_5 和 X_{22}	0.6180	0.6669	0.6424
Y_5 和 X_{23}	0.5400	0.6330	0.5865
Y_5 和 X_{24}	0.5069	0.5660	0.5365
Y_5 和 X_{25}	0.5331	0.8540	0.6935
Y_5 和 X_{26}	0.5002	0.8211	0.6607
Y_5 和 X_{27}	0.7153	0.5927	0.6540
Y_5 和 X_{28}	0.5120	0.9179	0.7150
Y_5 和 X_{29}	0.5011	0.8224	0.6617
Y_5 和 X_{30}	0.5021	0.7936	0.6478
Y_6 和 X_1	0.5001	0.9709	0.7355
Y_6 和 X_2	0.5000	0.8709	0.6854
Y_6 和 X_3	0.5000	0.8898	0.6949
Y_6 和 X_4	0.6207	0.8733	0.7470
Y_6 和 X_5	0.5184	0.9783	0.7484
Y_6 和 X_6	0.5000	0.5611	0.5306
Y_6 和 X_7	0.5000	0.5985	0.5492
Y_6 和 X_8	0.5000	0.5985	0.5493
Y_6 和 X_9	0.5001	0.5996	0.5498
Y_6 和 X_{10}	0.5000	0.5435	0.5218
Y_6 和 X_{11}	0.5001	0.6769	0.5885
Y_6 和 X_{12}	0.6573	0.7660	0.7116
Y_6 和 X_{13}	0.6003	0.6418	0.6211
Y_6 和 X_{14}	0.6921	0.7968	0.7445

续 表

比较指标	绝对关联度 (ε_{xy})	相对关联度 (r_{xy})	综合关联度 (ρ_{xy})
Y_6 和 X_{15}	0. 6629	0. 7301	0. 6965
Y_6 和 X_{16}	0. 7638	0. 7633	0. 7636
Y_6 和 X_{17}	0. 5024	0. 5543	0. 5284
Y_6 和 X_{18}	0. 6606	0. 7793	0. 7199
Y_6 和 X_{19}	0. 5002	0. 7152	0. 6077
Y_6 和 X_{20}	0. 5677	0. 7609	0. 6643
Y_6 和 X_{21}	0. 5073	0. 6371	0. 5722
Y_6 和 X_{22}	0. 5442	0. 6859	0. 6151
Y_6 和 X_{23}	0. 5150	0. 6194	0. 5672
Y_6 和 X_{24}	0. 5026	0. 5593	0. 5309
Y_6 和 X_{25}	0. 5124	0. 8178	0. 6651
Y_6 和 X_{26}	0. 5001	0. 7883	0. 6442
Y_6 和 X_{27}	0. 5807	0. 5833	0. 5820
Y_6 和 X_{28}	0. 5045	0. 9655	0. 7350
Y_6 和 X_{29}	0. 5030	0. 7894	0. 6462
Y_6 和 X_{30}	0. 5008	0. 7636	0. 6322
Y_7 和 X_1	0. 5001	0. 9733	0. 7367
Y_7 和 X_2	0. 5000	0. 8728	0. 6864
Y_7 和 X_3	0. 5000	0. 8918	0. 6959
Y_7 和 X_4	0. 6438	0. 8752	0. 7595
Y_7 和 X_5	0. 5220	0. 9807	0. 7513
Y_7 和 X_6	0. 5000	0. 5614	0. 5307
Y_7 和 X_7	0. 5000	0. 5990	0. 5495
Y_7 和 X_8	0. 5000	0. 5990	0. 5495
Y_7 和 X_9	0. 5001	0. 6001	0. 5501
Y_7 和 X_{10}	0. 5000	0. 5438	0. 5219
Y_7 和 X_{11}	0. 5001	0. 6778	0. 5889

续 表

比较指标	绝对关联度（ε_{xy}）	相对关联度（r_{xy}）	综合关联度（ρ_{xy}）
Y_7 和 X_{12}	0.6320	0.7674	0.6997
Y_7 和 X_{13}	0.6195	0.6425	0.6310
Y_7 和 X_{14}	0.6612	0.7984	0.7298
Y_7 和 X_{15}	0.6941	0.7312	0.7127
Y_7 和 X_{16}	0.8143	0.7647	0.7895
Y_7 和 X_{17}	0.5028	0.5546	0.5287
Y_7 和 X_{18}	0.6913	0.7807	0.7360
Y_7 和 X_{19}	0.5003	0.7163	0.6083
Y_7 和 X_{20}	0.5807	0.7623	0.6715
Y_7 和 X_{21}	0.5087	0.6378	0.5733
Y_7 和 X_{22}	0.5527	0.6849	0.6188
Y_7 和 X_{23}	0.5179	0.6200	0.5689
Y_7 和 X_{24}	0.5031	0.5596	0.5313
Y_7 和 X_{25}	0.5148	0.8194	0.6671
Y_7 和 X_{26}	0.5001	0.7897	0.6449
Y_7 和 X_{27}	0.5961	0.5837	0.5899
Y_7 和 X_{28}	0.5054	0.9631	0.7342
Y_7 和 X_{29}	0.5025	0.7909	0.6467
Y_7 和 X_{30}	0.5009	0.7649	0.6329
Y_8 和 X_1	0.5012	0.8926	0.6969
Y_8 和 X_2	0.5001	0.8092	0.6546
Y_8 和 X_3	0.5000	0.8250	0.6625
Y_8 和 X_4	0.6569	0.8112	0.7340
Y_8 和 X_5	0.7434	0.8987	0.8211
Y_8 和 X_6	0.5005	0.5510	0.5257
Y_8 和 X_7	0.5000	0.5821	0.5411
Y_8 和 X_8	0.5000	0.5821	0.5411

续 表

比较指标	绝对关联度（ε_{xy}）	相对关联度（r_{xy}）	综合关联度（ρ_{xy}）
Y_8 和 X_9	0. 5009	0. 5830	0. 5420
Y_8 和 X_{10}	0. 5000	0. 5363	0. 5181
Y_8 和 X_{11}	0. 5013	0. 6474	0. 5744
Y_8 和 X_{12}	0. 5119	0. 7218	0. 6168
Y_8 和 X_{13}	0. 6887	0. 6182	0. 6535
Y_8 和 X_{14}	0. 5145	0. 7475	0. 6310
Y_8 和 X_{15}	0. 6162	0. 6918	0. 6540
Y_8 和 X_{16}	0. 5718	0. 7195	0. 6457
Y_8 和 X_{17}	0. 5315	0. 5453	0. 5384
Y_8 和 X_{18}	0. 6179	0. 7328	0. 6754
Y_8 和 X_{19}	0. 5028	0. 6794	0. 5911
Y_8 和 X_{20}	0. 7795	0. 7175	0. 7485
Y_8 和 X_{21}	0. 5962	0. 6143	0. 6053
Y_8 和 X_{22}	0. 9281	0. 7230	0. 8255
Y_8 和 X_{23}	0. 6980	0. 5996	0. 6488
Y_8 和 X_{24}	0. 5343	0. 5494	0. 5419
Y_8 和 X_{25}	0. 6637	0. 7649	0. 7143
Y_8 和 X_{26}	0. 5011	0. 7403	0. 6207
Y_8 和 X_{27}	0. 7346	0. 5694	0. 6520
Y_8 和 X_{28}	0. 5596	0. 9478	0. 7537
Y_8 和 X_{29}	0. 5002	0. 7413	0. 6208
Y_8 和 X_{30}	0. 5102	0. 7197	0. 6150
Y_9 和 X_1	0. 5846	0. 5923	0. 5884
Y_9 和 X_2	0. 5043	0. 6172	0. 5607
Y_9 和 X_3	0. 5018	0. 6115	0. 5566
Y_9 和 X_4	0. 5022	0. 6164	0. 5593
Y_9 和 X_5	0. 5143	0. 5909	0. 5526

续 表

比较指标	绝对关联度 (ε_{xy})	相对关联度 (r_{xy})	综合关联度 (ρ_{xy})
Y_9 和 X_6	0.5393	0.8516	0.6955
Y_9 和 X_7	0.5016	0.9413	0.7215
Y_9 和 X_8	0.5016	0.9411	0.7214
Y_9 和 X_9	0.5661	0.9366	0.7513
Y_9 和 X_{10}	0.5002	0.7504	0.6253
Y_9 和 X_{11}	0.5944	0.7457	0.6701
Y_9 和 X_{12}	0.5002	0.6634	0.5818
Y_9 和 X_{13}	0.5026	0.8065	0.6546
Y_9 和 X_{14}	0.5002	0.6464	0.5733
Y_9 和 X_{15}	0.5016	0.6889	0.5953
Y_9 和 X_{16}	0.5010	0.6650	0.5830
Y_9 和 X_{17}	0.6104	0.8126	0.7115
Y_9 和 X_{18}	0.5016	0.6556	0.5786
Y_9 和 X_{19}	0.7002	0.7020	0.7011
Y_9 和 X_{20}	0.5039	0.6666	0.5852
Y_9 和 X_{21}	0.5362	0.8169	0.6765
Y_9 和 X_{22}	0.5060	0.5323	0.5191
Y_9 和 X_{23}	0.5176	0.8640	0.6908
Y_9 和 X_{24}	0.6014	0.8410	0.7212
Y_9 和 X_{25}	0.5213	0.6368	0.5790
Y_9 和 X_{26}	0.5769	0.6508	0.6138
Y_9 和 X_{27}	0.5033	0.9790	0.7411
Y_9 和 X_{28}	0.5584	0.5809	0.5696
Y_9 和 X_{29}	0.5000	0.6502	0.5751
Y_9 和 X_{30}	0.8420	0.6649	0.7534

灰色综合关联度计算结果均值与排序如表 3－4 所示。

表 3－4　灰色综合关联度计算结果均值与排序

因子	Y_1	Y_2	Y_3	Y_4	Y_5	Y_6	Y_7	Y_8	Y_9	均值	排序
X_1	0.6791	0.5874	0.6889	0.7245	0.7384	0.7355	0.7367	0.6969	0.5884	0.6862	10
X_2	0.7271	0.6109	0.6485	0.7193	0.7066	0.6854	0.6864	0.6546	0.5607	0.6666	15
X_3	0.7160	0.6055	0.6561	0.7305	0.7171	0.6949	0.6959	0.6625	0.5566	0.6706	13
X_4	0.9198	0.6549	0.7926	0.7989	0.8689	0.7470	0.7595	0.7340	0.5593	0.7594	1
X_5	0.7252	0.5928	0.7582	0.7329	0.7592	0.7484	0.7513	0.8211	0.5526	0.7157	6
X_6	0.5455	0.5929	0.5246	0.5362	0.5341	0.5306	0.5307	0.5257	0.6955	0.5573	29
X_7	0.5731	0.6497	0.5394	0.5582	0.5548	0.5492	0.5495	0.5411	0.7215	0.5818	26
X_8	0.5731	0.6498	0.5395	0.5583	0.5549	0.5493	0.5495	0.5411	0.7214	0.5819	25
X_9	0.5741	0.6513	0.5401	0.5589	0.5555	0.5498	0.5501	0.5420	0.7513	0.5859	24
X_{10}	0.5323	0.5662	0.5174	0.5257	0.5242	0.5218	0.5219	0.5181	0.6253	0.5392	30
X_{11}	0.6315	0.7325	0.5712	0.6047	0.5986	0.5885	0.5889	0.5744	0.6701	0.6178	21
X_{12}	0.7122	0.7607	0.6174	0.7180	0.6776	0.7116	0.6997	0.6168	0.5818	0.6773	11
X_{13}	0.8389	0.7527	0.7290	0.6488	0.7128	0.6211	0.6310	0.6535	0.6546	0.6936	8
X_{14}	0.7383	0.7681	0.6321	0.7497	0.7013	0.7445	0.7298	0.6310	0.5733	0.6965	7
X_{15}	0.8146	0.7391	0.6981	0.7416	0.8455	0.6965	0.7127	0.6540	0.5953	0.7219	5
X_{16}	0.7843	0.7539	0.6709	0.8266	0.8243	0.7636	0.7895	0.6457	0.5830	0.7380	2
X_{17}	0.5467	0.5835	0.5304	0.5337	0.5334	0.5284	0.5287	0.5384	0.7115	0.5594	28
X_{18}	0.8532	0.7068	0.7194	0.7691	0.8697	0.7199	0.7360	0.6754	0.5786	0.7365	3
X_{19}	0.6603	0.6912	0.5869	0.6274	0.6201	0.6077	0.6083	0.5911	0.7011	0.6327	20
X_{20}	0.8743	0.6827	0.8496	0.6982	0.7357	0.6643	0.6715	0.7485	0.5852	0.7233	4
X_{21}	0.6212	0.7112	0.5813	0.5858	0.5861	0.5722	0.5733	0.6053	0.6765	0.6125	23
X_{22}	0.6805	0.5470	0.7761	0.6072	0.6424	0.6151	0.6188	0.8255	0.5191	0.6480	17
X_{23}	0.6286	0.6871	0.6021	0.5803	0.5865	0.5672	0.5689	0.6488	0.6908	0.6178	22
X_{24}	0.5509	0.5911	0.5331	0.5367	0.5365	0.5309	0.5313	0.5419	0.7212	0.5637	27
X_{25}	0.7689	0.6340	0.6721	0.6960	0.6935	0.6651	0.6671	0.7143	0.5790	0.6767	12
X_{26}	0.7142	0.6427	0.6157	0.6705	0.6607	0.6442	0.6449	0.6207	0.6138	0.6475	18
X_{27}	0.7770	0.6565	0.7474	0.6015	0.6540	0.5820	0.5899	0.6520	0.7411	0.6668	14
X_{28}	0.6688	0.5782	0.7314	0.6997	0.7150	0.7350	0.7342	0.7537	0.5696	0.6873	9

续 表

因子	Y_1	Y_2	Y_3	Y_4	Y_5	Y_6	Y_7	Y_8	Y_9	均值	排序
X_{29}	0.7151	0.6441	0.6161	0.6723	0.6617	0.6462	0.6467	0.6208	0.5751	0.6442	19
X_{30}	0.6977	0.6563	0.6083	0.6564	0.6478	0.6322	0.6329	0.6150	0.7534	0.6556	16
均值	0.6948	0.6560	0.6431	0.6556	0.6672	0.6383	0.6412	0.6388	0.6336		
排序	1	3	5	4	2	8	6	7	9		

由表3－4可知，对于物流业系统，制造业评价指标与其灰色综合关联度的排序为：$Y_1 > Y_5 > Y_2 > Y_4 > Y_3 > Y_7 > Y_8 > Y_6 > Y_9$，即我国物流业发展的主要影响因素依次来自制造业工业增加值、规模以上工业企业流动资产合计、制造业法人单位数、规模以上工业企业资产总计、制造业固定资产投资、规模以上工业企业主营业务成本、规模以上工业企业利润总额、规模以上工业企业主营业务收入、制造业城镇单位就业人员数。

对于制造业系统，物流业评价指标与其灰色综合关联度的排序为：$X_4 > X_{16} > X_{18} > X_{20} > X_{15} > X_5 > X_{14} > X_{13} > X_{28} > X_1 > X_{12} > X_{25} > X_3 > X_{27} > X_2 > X_{30} > X_{22} > X_{26} > X_{29} > X_{19} > X_{11} > X_{23} > X_{21} > X_9 > X_8 > X_7 > X_{24} > X_{17} > X_6 > X_{10}$，即我国制造业发展的主要影响因素依次来自物流业交通运输、仓储和邮政业法人单位数，沿海规模以上港口货物吞吐量，水运（剔除远洋）货运量，货物周转量，水运货运量，交通运输、仓储和邮政业固定资产投资，公路货运量，铁路货运量，民用载货汽车拥有量，社会物流总额，货运量，水运（剔除远洋）货物周转量，物流业增加值，国家铁路货车拥有量，社会物流总费用，民用运输飞机架数，公路货物周转量，民航货物周转量，定期航班航线里程，水运（远洋）货物周转量，铁路货物周转量，公路里程，铁路营业里程，运输线路长度，水运（远洋）货物周转量，水运（远洋）货运量，交通运输、仓储和邮政业城镇单位就业人员数，内河航道里程。

主要参考文献

［1］王珍珍．我国制造业与物流业联动发展的时空分异探析——基于灰色关联模型的实证研究［J］．福建师范大学学报：哲学社会科学版，2012（3）．

［2］刘思峰，党耀国，方志耕，等．灰色系统理论及其应用［M］．5版．北京：科学出版社，2010.

[3] 王茂林，冯雷鸣，王冠辉．天津市制造业与物流业联动发展灰色综合关联度分析［J］．物流技术，2013（12）．

[4] 国家统计局．中国统计年鉴［M］．北京：中国统计出版社，2006—2013．

[5] 国家发改委，国家统计局，中国物流与采购联合会．全国物流运行情况通报［EB/OL］．2006—2013．

4 制造业物流供应商的筛选与激励

本章在前人研究基础上，对以往研究中制造企业物流供应商的筛选方法、物流供应商激励合同模型分别进行了一定的改进，尝试构建基于指数标度加权改进欧氏范数法的物流供应商评价与选择模型，以及多任务多物流供应商最佳努力水平激励模型，希望能对促进供应链网络整体利益最大化有所裨益。

4.1 基于指数标度加权改进欧氏范数法的物流供应商筛选

4.1.1 改进的欧氏范数法简析

欧氏范数法①是一种供应商评价与选择问题的定量化解决方法，该方法采用一定的关键因素作为目标值，与初始权重合成作为加权向量。但是，该方法也有其自身缺陷，这主要体现在初始权重向量确定的主观性较强。因此，可考虑应用改进层次分析法使各指标权重 ω_i' 的确定更加合理，并计算与赋权公式法的合成权重 ω_i^* ，以此弱化模型建立的主观性。

在传统欧氏范数法②的基础上，可以建立改进的欧氏范数法，具体计算步骤如下。

1. 选取影响供应商评价与选择的关键因素

假设影响供应商评价与选择的关键因素为 f_1，f_2，…，f_m，则关键因素目标集 $f(x) = [f_1(x), f_2(x), \cdots, f_m(x)]^T$ 表示目标空间。

2. 将关键因素区分为两类

采用胡秦生、郑春勇等学者建立的最小隶属度偏差法非统一模型③对所有

---

① 王瑛，孙林岩．供应链物流平衡分析［M］．北京：清华大学出版社，2005.

② 王瑛，孙林岩，赵沂蒙．基于欧氏范数的供应商评价方法［J］．系统工程，2002，20（1）．

③ 胡秦生，郑春勇，王惠卿．模糊多目标系统实用最优决策决策法及应用［J］．系统工程理论与实践，1996，16（3）．

关键因素进行归类：

$$(VP)^* \begin{cases} \min\limits_{x \in X} f^1(x) = [f_1(x), f_2(x), \cdots, f_k(x)]^T \\ \max\limits_{x \in X} f^2(x) = [f_{k+1}(x), f_{k+2}(x), \cdots, f_m(x)]^T \end{cases} \quad (4-1)$$

其中，分类一 $f^1(x) = [f_1(x), f_2(x), \cdots, f_k(x)]^T$ 为 k 个越小越好的指标；

分类二 $f^2(x) = [f_{k+1}(x), f_{k+2}(x), \cdots, f_m(x)]^T$ 为 $m-k$ 个越大越好的指标。

借助于该模型，区分哪些因素的值是越小越好，哪些因素的值是越大越好。

3. 精选数量少的关键供应商

企业的资源是有限的，因此企业只能与少数的关键供应商保持密切合作。设有 n 个潜在供应商，分别用 x_1，x_2，…，x_n 表示。

4. 建立劣值隶属度矩阵

（1）选取 $\overline{f_i}$ 和 $\underline{f_i}$

$$\overline{f_i} = \max\ [f_i(x_1), f_i(x_2), \cdots, f_i(x_n)], \quad i = 1, 2, \cdots, k+1, m \quad (4-2)$$

$$\underline{f_i} = \min\ [f_i(x_1), f_i(x_2), \cdots, f_i(x_n)], \quad i = k+1, k+2, \cdots, m \quad (4-3)$$

（2）确定最不理想点 f^0

$$f^0 = (f_1^0, f_2^0, \cdots, f_m^0)^T = (\overline{f_1}, \overline{f_2}, \cdots, \overline{f_k}, \underline{f_{k+1}}, \underline{f_{k+2}}, \underline{f_m})^T \quad (4-4)$$

采用相对劣值隶属度 $\mu_i(x_j)$ 来衡量供应商 x_j 目标函数值：

$$\left.\begin{aligned} &\mu_i(x_j) = f_i(x_j)/\overline{f_i}, \quad i = 1, 2, \cdots, k; \quad x_j \in X \\ &\mu_i(x_j) = \underline{f_i}/f_i(x_j), \quad i = k+1, k+2, \cdots, m; \quad x_j \in X \\ &r_{ij} = \mu_i(x_j) \end{aligned}\right\} \quad (4-5)$$

5. 将改进的层次分析法与指数标度法耦合，计算各指标权重

可以考虑对传统的层次分析法的判断矩阵进行改进，使其考虑人为分析的模糊性，改进的层次分析法[①]具体如下：对于判断矩阵 $\boldsymbol{A}=(a_{ij})_{n\times n}$ 的元素 a_{ij}，由行业内的专家用模糊数标出两两指标间的相互关系，包括最有可能值 m 以及上、下边界 a 和 b。由此，可以得出：

$$a_{ij}=\frac{1}{2}[(a+2m)/3+(2m+b)/3]=(a+4m+b)/6 \qquad (4-6)$$

$$\sigma^2=\frac{1}{2}\begin{Bmatrix}[(a+4m+b)/6-(2m+a)/3]^2+\\ [(a+4m+b)/6-(2m+b)/3]^2\end{Bmatrix}=[(b-a)/6]^2 \qquad (4-7)$$

此外，传统层次分析法通常采用品级标度法给判断矩阵的元素赋值，在实际应用中常使用1～9标度，但是由于1～9标度的评分与语言判断习惯不协调，往往导致判断结论结果错误与一致性检验错误，因此下面建立一种新的指数标度法[②]：首先将判断等级分为同等重要、稍微重要、重要、明显重要、强烈重要、极端重要6个等级。若已知 A 对 B 和 B 对 C 的比较等级，则 A 对 C 的比较等级具有传递性。如 A 对 B 稍微重要，B 对 C 强烈重要，则 A 对 C 极端重要。设稍微重要评分为 a，同等重要评分为1，重要评分为 a^2，明显重要评分为 a^4，强烈重要评分为 a^6，极端重要评分为 a^8。且有 $A:C=(A:B)/(B:C)$。Satly 在数字上的判断极限为9，$a^8=9$，即 $a=1.3161$，由此可以给出指数标度表[③]如表4－1所示。

表4－1　　指数标度表

重要性	比值 $A:B$	指数
A 比 B 同等重要	1	1
A 比 B 稍微重要	a	1.3161
A 比 B 重要	a^2	1.7321
A 比 B 明显重要	a^4	3
A 比 B 强烈重要	a^6	5.1968
A 比 B 极端重要	a^8	9

资料来源：秦波涛．改进层次分析法用于矿井安全性综合评价［J］．西安科技学院学报，2002，22（2）．

① 樊为刚，侯丽红．层次分析法的改进［J］．科技情报开发与经济，2005，15（4）．

② 王亮，石振武．改进层次分析法在BOT高速公路风险评价中的应用［J］．森林工程，2009，25（1）．

③ 秦波涛．改进层次分析法用于矿井安全性综合评价［J］．西安科技学院学报，2002，22（2）．

6. 生成与赋权公式法的合成权重 ω_i^{ζ}

赋权公式法①从隶莫佛—拉普拉斯定理等数学理论出发，经过严密的推导分析，得出确定权重的联立数学公式，是一种客观性较强的权重分配方法。该方法与改进的层次分析法相结合，可以进一步减少权重确定过程中的主观性。设共有 n 个决策目标，第 i 个权系数 W_i 为：

$$W_i = \begin{cases} 1/2 + \sqrt{-2\ln[2(i-1)/n]}/6 & 1 < i \leqslant (n+1)/2 \\ 1/2 - \sqrt{-2\ln[2-2(i-1)/n]}/6 & (n+1)/2 < i \leqslant n \end{cases} \quad (4-8)$$

将权系数 W_i 计算结果与改进层次分析法与指数标度法耦合计算所得权重相乘，再进行归一化，从而求得改进后的合成权重 ω_i^{ζ}。

7. 计算与目标值合成的加权向量 $\boldsymbol{\beta}(x_j)$ 并进行排序选择

（1）根据求出的劣质隶属度矩阵 r_{ij} 值与改进后的合成权重 ω_i^{ζ} 值，按下列公式计算与目标值合成的加权向量：

$$\boldsymbol{\beta}(x_j) = \sqrt{\sum_{i=1}^{m}[\omega_i^{\zeta}(1-r_{ij})^2]} \quad (4-9)$$

（2）按 $\boldsymbol{\beta}(x_j)$ 值的大小对供应商进行排序，值最高者即最合适的备选供应商。

综上所述，本算法与传统欧氏范数法的主要改进体现为在改进层次分析法的基础上，耦合了指数标度法、赋权公式法等方法，更符合经济管理领域的实际情况。

4.1.2 算例分析

N 公司是一家经营理念较为先进的制造企业，该公司较早地引入了精益生产方式，目前又积极谋求与物流供应商结成战略合作伙伴关系，努力构建精益物流系统。假设 N 公司有 3 家潜在的物流供应商，分别用 x_1，x_2，x_3 表示。主要计算步骤如下。

1. 关键因素的选取与归类

N 公司考虑本企业实际情况，并结合精益物流的特征，选取了 5 个关键因素进行评价：S（客户满意度）、F（企业柔性）、A（协同能力）、C（成本）、T（时间）。在以往的研究中，多采用成本、时间等传统因素，而本文

① 焦利明，于伟，李冬岩．用赋权公式法对战术防空 C3I 系统综合效能评估［J］．电光与控制，2006，13（4）．

认为，在当前激烈的国际供应链竞争环境下，应该多考虑客户满意度、企业柔性、协同能力等供应链合作因素。

在N公司所选取的这些指标之中，C（成本）和T（时间）可以使用直接测度而来的定量数值进行计算，而S（客户满意度）、F（企业柔性）、A（协同能力）等因素较为抽象，无法直接测度定量数值，因此可将这些关键因素进行相对量化处理，采用百分制计分。对这些指标的具体描述如下。

C（成本）：提供物流服务过程中的所有成本相关费用，首先直接计量相关费用，再进行汇总，单位为元（人民币）。

T（时间）：完成物流服务所需时间，直接测度，单位为小时。

S（客户满意度）：综合考虑服务体系的健全程度及客户投诉等因素，由行业专家进行打分，采用百分制。

F（企业柔性）：综合考虑提供物流服务的时间、地点、数量变动的企业总体柔性，由行业专家进行打分，采用百分制。

A（协同能力）：综合考虑共享信息的有效性及与合作伙伴的沟通和合作能力，由行业专家进行打分，采用百分制。

设决策值$f_1(x)$、$f_2(x)$、$f_3(x)$、$f_4(x)$、$f_5(x)$分别为关键因素C、T、S、F、A量化后的取值。用$f(x) = [f_1(x), f_2(x), f_3(x), f_4(x), f_5(x)]^T$表示关键因素目标集，某次评价的关键因素目标集如表4－2所示。

表4－2　某次评价的关键因素目标集

关键因素 供应商	成本 $f_1(x)$	时间 $f_2(x)$	客户满意度 $f_3(x)$	企业柔性 $f_4(x)$	协同能力 $f_5(x)$
x_1	85	3	80	80	95
x_2	120	5	90	95	70
x_3	530	6	95	90	90

其特征矩阵如下：

$$\boldsymbol{A} = \begin{bmatrix} 85 & 3 & 80 & 80 & 95 \\ 120 & 5 & 90 & 95 & 70 \\ 530 & 6 & 95 & 90 & 90 \end{bmatrix}^{\mathrm{T}}$$

2. 计算劣值隶属度矩阵

根据劣值隶属度矩阵计算公式，取：

$$\overline{f_i} = \max[f_i(x_1), f_i(x_2), f_i(x_3)] \quad i=1,\ 2$$

$$\underline{f_i} = \min[f_i(x_1), f_i(x_2), f_i(x_3)] \quad i=3,\ 4,\ 5$$

首先，取最劣点为f^0，即：

$$f^0 = (\overline{f_1}, \overline{f_2}, \underline{f_3}, \underline{f_4}, \underline{f_5})^T$$

$$= (530, 6, 80, 80, 70)^T$$

其次，取：

$$\mu_i(x_j) = f_i(x_j)/\overline{f_i}, \quad i = 1,2$$

$$\mu_i(x_j) = \underline{f_i} / f_i(x_j), \quad i = 3,4,5$$

$$r_{ij} = \mu_i(x_j)$$

因此，求得劣值隶属度矩阵 $\boldsymbol{R}$ 如下：

$$\boldsymbol{R} = \begin{bmatrix} 0.1604 & 0.5 & 1 & 1 & 0.7368 \\ 0.2264 & 0.8333 & 0.8889 & 0.8421 & 1 \\ 1 & 1 & 0.8421 & 0.8889 & 0.7778 \end{bmatrix}^{\mathrm{T}}$$

3. 按模糊层次分析法结合指数标度法求各个指标权重 ω_i'

（1）建立层次结构模型

构造本例的层次结构模型，如图 4－1 所示。

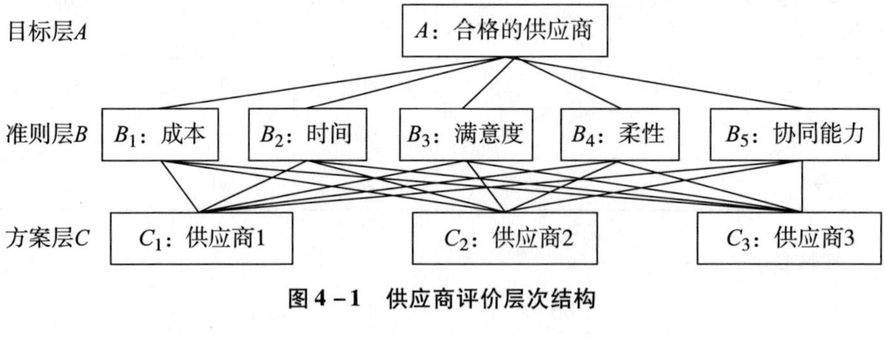

图 4－1　供应商评价层次结构

（2）建立相对重要性的指数标度

相对重要性的指数标度如表 4－3 所示。

表 4－3 相对重要性的指数标度

相对重要性的权数	定义	解释
1	相同重要	相对于目标两个活动贡献等同
1.3161	稍微重要	经验判断稍微偏爱某一个活动
1.7321	明显重要	经验判断明显偏爱某一个活动
3	重要	经验判断偏爱某一个活动
5.1968	强烈重要	经验判断强烈偏爱某一个活动
9	极其重要	经验判断极其偏爱某一个活动
上述数值的倒数	后一个活动相对于前一个活动的倒数值	

（3）构建指数标度法初始判断矩阵并计算

具体计算步骤如表 4－4 所示。

表 4－4 指数标度法初始判断矩阵及计算检验

A	B_1	B_2	B_3	B_4	B_5	$\boldsymbol{\omega}$	一致性检验
B_1	1	1.3161	1.7321	3	5.1968	0.348	$\lambda_{max}=5.064$ $CI=0.016$ $CR=0.014$ $CR<0.1$， 一致性检验通过
B_2	0.7598	1	1.3161	3	5.1968	0.295	
B_3	0.5773	0.7598	1	1.3161	1.7321	0.170	
B_4	0.3333	0.3333	0.7598	1	1.7321	0.116	
B_5	0.1924	0.1924	0.5773	0.5773	1	0.071	

向量 $\boldsymbol{\omega}=[0.348, 0.295, 0.170, 0.116, 0.071]^T$ 即所求的初始权重。因为 CR 值 <0.1，故可认为判断矩阵具有较满意的一致性。

（4）按模糊层次分析法求各个指标权重

对表 4－4 中的判断矩阵做出模糊评价，如表 4－5 所示。

表 4－5 判断矩阵的模糊评价矩阵构建

A	B_1	B_2	B_3	B_4	B_5
B_1	(1，1，1)	(1，1.3161，1.7321)	(1.3161，1.7321，3)	(1.7321，3，5.1968)	(3，5.1968，9)
B_2	(0.5773，0.7598，1)	(1，1，1)	(1，1.3161，1.7321)	(1.7321，3，5.1968)	(3，5.1968，9)

续 表

A	B_1	B_2	B_3	B_4	B_5
B_3	(0.3333, 0.5773, 0.7598)	(0.5773, 0.7598, 1)	(1, 1, 1)	(1, 1.3161, 1.7321)	(1.3161, 1.7321, 3)
B_4	(0.1924, 0.3333, 0.5773)	(0.1924, 0.3333, 0.5773)	(0.5773, 0.7598, 1)	(1, 1, 1)	(1.3161, 1.7321, 3)
B_5	(0.1111, 0.1924, 0.3333)	(0.1111, 0.1924, 0.3333)	(0.3333, 0.5773, 0.7598)	(0.3333, 0.5773, 0.7598)	(1, 1, 1)

用式（4－6）计算判断矩阵的模糊评价矩阵的计算结果，如表4－6所示。

表4－6　判断矩阵的模糊评价矩阵计算结果

A	B_1	B_2	B_3	B_4	B_5
B_1	1	1.3328	1.8741	3.1548	5.4645
B_2	0.7694	1	1.3328	3.1548	5.4645
B_3	0.5671	0.7694	1	1.3328	1.8741
B_4	0.3505	0.3505	0.7694	1	1.8741
B_5	0.2023	0.2023	0.5671	0.5671	1

将计算结果进行一致性检验，如表4－7所示。

表4－7　转化后的判断矩阵及其检验

A	B_1	B_2	B_3	B_4	B_5	ω	一致性检验
B_1	1	1.3328	1.8741	3.1548	5.4645	0.356	$\lambda_{max}=5.059$ $CI=0.015$ $CR=0.013$ $CR<0.1$ 一致性检验通过
B_2	0.7694	1	1.3328	3.1548	5.4645	0.297	
B_3	0.5671	0.7694	1	1.3328	1.8741	0.168	
B_4	0.3505	0.3505	0.7694	1	1.8741	0.113	
B_5	0.2023	0.2023	0.5671	0.5671	1	0.066	

向量 $\omega'=[0.356, 0.297, 0.168, 0.113, 0.066]^T$ 即修正后的初始权

重。因为 CR 值<0.02，故可认为判断矩阵具有满意的一致性。

4. 与赋权公式法合成权重 ω_i^{ζ}

首先，求权系数 W_i。在本算例中，将 $n=5$，$(n+1)/2=3$，代入权系数公式（4－8）中可以得出：

$$W_i=\frac{y_i}{y_{\max}}=\begin{cases}1/2+\sqrt{-2\ln[2(i-1)/5]}/6 & 1<i\leqslant 3\\ 1/2-\sqrt{-2\ln[2-2(i-1)/5]}/6 & 3<i\leqslant 5\end{cases}$$

因此，通过计算得出：

$W_1=1$

$W_2=1/2+\sqrt{-2\ln[2(2-1)/5]}/6=0.7256$

$W_3=1/2+\sqrt{-2\ln[2(3-1)/5]}/6=0.6113$

$W_4=1/2-\sqrt{-2\ln[2-2(4-1)/5]}/6=0.3887$

$W_5=1/2-\sqrt{-2\ln[2-2(5-1)/5]}/6=0.2744$

其次，与所求得的权重 ω' 相乘，计算改进权系数 W_i^{ζ}。

在本例中，$\boldsymbol{\omega}'=[0.356,0.297,0.168,0.113,0.066]^T$，因此可以得出：

$W_1^{\zeta}=\omega_1\times W_1=0.356\times 1=0.356$

$W_2^{\zeta}=\omega_2\times W_2=0.297\times 0.7256=0.2155$

$W_3^{\zeta}=\omega_3\times W_3=0.168\times 0.6113=0.1027$

$W_4^{\zeta}=\omega_4\times W_4=0.113\times 0.3887=0.0439$

$W_5^{\zeta}=\omega_5\times W_5=0.066\times 0.2744=0.0181$

再次，将以上数据进行归一化整理，计算合成权重 ω_i^{ζ}：

$\omega_1^{\zeta}=0.356/(0.356+0.2155+0.1027+0.0439+0.0181)=0.484$

$\omega_2^{\zeta}=0.2155/(0.356+0.2155+0.1027+0.0439+0.0181)=0.293$

$\omega_3^{\zeta}=0.1027/(0.356+0.2155+0.1027+0.0439+0.0181)=0.140$

$\omega_4^{\zeta}=0.0439/(0.356+0.2155+0.1027+0.0439+0.0181)=0.060$

$\omega_5^{\zeta}=0.0181/(0.356+0.2155+0.1027+0.0439+0.0181)=0.025$

向量 $\boldsymbol{\omega}^{\zeta}=[0.484,0.293,0.140,0.060,0.025]^T$ 即所求得的合成权重。

5. 计算合成目标值的加权向量$\boldsymbol{\beta}$（x_j）并进行排序选择

将ω_i^{ζ}代入公式$\boldsymbol{\beta}(x_j)=\sqrt{\sum_{i=1}^{m}[\omega_i^{\zeta}(1-r_{ij})^2]}$，计算与目标值合成的加权向量：

$$\boldsymbol{\beta}(x_1)=\sqrt{0.484\times(1-0.1604)^2+0.293\times(1-0.5)^2+0+0+0.025\times(1-0.7368)^2}$$
$$=0.6448$$
$$\boldsymbol{\beta}(x_2)=\sqrt{0.484\times(1-0.2264)^2+0.293\times(1-0.8333)^2+0.140\times(1-0.8889)^2+0.060\times(1-0.8421)^2+0}$$
$$=0.5487$$
$$\boldsymbol{\beta}(x_3)=\sqrt{0+0+0.140\times(1-0.8421)^2+0.060\times(1-0.8889)^2+0.025\times(1-0.7778)^2}$$
$$=0.0739$$

可得到：

$$\boldsymbol{\beta}(x)=(\boldsymbol{\beta}(x_1),\ \boldsymbol{\beta}(x_2),\ \boldsymbol{\beta}(x_3))=(0.6448,\ 0.5487,\ 0.0739)$$

在本例中，$\boldsymbol{\beta}(x_1)>\boldsymbol{\beta}(x_2)>\boldsymbol{\beta}(x_3)$，因此物流供应商综合评价的结果从优到劣为$x_1$，$x_2$，$x_3$，该制造企业应该选择$x_1$作为其关键物流供应商。虽然供应商$x_1$各项指标并不全为最优值，但其协同能力、成本、时间较佳，因此物流供应商x_1综合评价的结果是最优的。此外，可以看出，供应商x_3评价结果最劣的原因在于：虽然其客户满意度、企业柔性、协同能力较佳，但其成本、时间两项指标为其薄弱环节，亟待改善。

传统的物流供应商欧式范数评价法在初始权重向量的确定上，一般采用概念经验法或者采用传统的层次分析法，前者个人的主观性过强，可靠性较差，往往失之偏颇；后者对于权重的确定过于刚性，很难用1～9标度对复杂的客观事物进行精确描述，同时易于出现判断矩阵的不一致性。鉴于指数标度法可提高判断准确度，使判断矩阵具有很高的一致性，故本文在传统欧式范数法的基础上，引入指数标度法，结合模糊层次分析法、赋权公式法进行改进，希望能为指标权重的确定提供一种更为合理的方法。

4.2 基于协同收益及协同成本的多任务多物流供应商激励

本节基于委托—代理模型，考虑协同收益及协同成本，拟构建多任务多物流供应商最佳努力水平激励模型，以期促进制造业与物流业的互利、共赢。

4.2.1 模型假设

针对精益物流能力供应链特点，基于委托—代理理论，可以做出如下假设并予以说明：①

设整个精益供应链中共有 n 个物流供应商，第 j 个物流供应商的业务结果为：

$$X_j = (x_{j1}, x_{j2})^T \qquad (j=1,\ 2,\ \cdots,\ n) \tag{4-10}$$

其中，x_{j1} 为精益供应链自身业务指标，考虑到精益物流能力的特点，其为成本因素、准时化因素等；x_{j2} 为精益物流协同业务指标，包括精益供应链上下游企业之间的信息共享、联盟企业的沟通机制等。

相应的合同模型为：

$$S_j(X_j) = \sum_{i=1}^{2} \alpha_{ji}(x_{ji} - x_{ji0}) + m_j \qquad (j=1,\ 2,\ \cdots,\ n;\ i=1,\ 2) \tag{4-11}$$

其中，$S_j(X_j)$ 为制造企业给予第 j 个物流供应商的合同支付；x_{ji0} 为按规定物流供应商应该完成的基本指标；m_j 为给予物流供应商完成各项基本指标任务的固定支付激励；α_{ji} 为对于各物流供应商超额完成各类指标的激励系数。假设各项指标均为越大越好。设：

$$\begin{cases} x_{j1} = e_{j1} + \varepsilon_{j1} \\ x_{j2} = e_{j2} + \varepsilon_{j2} \end{cases} \qquad (j=1,\ 2,\ \cdots,\ n) \tag{4-12}$$

其中，$e_{ji}(i=1,2)$ 表示第 j 个物流供应商完成第 i 类指标所做的努力。$\varepsilon_{ji}(i=1,2)$ 代表影响第 j 个物流供应商第 i 类指标完成的外界客观因素，其中影响精益物流自身业务指标的外界客观因素有当时当地的交通与天气状况、偶发事件等；影响精益物流协同业务指标的外界客观因素有当时当地的信息网络基础设施的建设情况和公共电信运营商的服务水平、客户配合条件等。设 $\varepsilon_{ji} \sim N(0,\sigma_{ji}^2)$，可以认为 $\varepsilon_{j1},\varepsilon_{j2}$ 相互独立。

设第 j 个物流供应商第 i 类业务指标给制造企业带来的业务收益贡献率为 k_{ji}；此外，加入精益供应链后，各节点企业协同运作可以使制造企业和物流

---

① 王勇，杨金，廖冰．第四方物流作业分包的合同设计［J］．系统工程学报，2007，22（5）；杨金．第四方物流对社会物流资源的整合研究［D］．重庆：重庆大学硕士学位论文，2005；马新安，张列平，田澎．供应链中的信息共享激励：动态模型［J］．中国管理科学，2001，9（1）．

供应商额外获得协同收益，设制造企业获得的协同收益贡献率为 t_{ji}。

则全部物流供应商给制造企业带来的总收益为：

$$H_j(X_j) = \sum_{i=1}^{2}(k_{ji}+t_{ji})x_{ji} \quad (j=1, 2, \cdots, n; i=1, 2) \quad (4-13)$$

全部物流供应商给制造企业带来的总净收益为：

$$G = \sum_{j=1}^{n}(H_j - S_j) \quad (j=1, 2, \cdots, n) \quad (4-14)$$

假定制造企业的风险偏好为风险中性，则制造企业的确定性等价收入为其总收益的期望值：

$$V=E(G) = \sum_{j=1}^{n}\left(\sum_{i=1}^{2}(k_{ji}+t_{ji}-\alpha_{ji})e_{ji} - m_j + \sum_{i=1}^{2}\alpha_{ji}x_{ji0}\right)$$
$$(j=1, 2, \cdots, n; i=1, 2) \quad (4-15)$$

设 C_j为第 j 个物流供应商的自身物流业务成本，设：

$$C_j(e_1, e_2) = \frac{1}{2}\sum_{i=1}^{2}e_{ji}{}^2 \quad (j=1, 2, \cdots, n; i=1, 2) \quad (4-16)$$

接下来，我们分析总协同收益与业务整合成本（总协同成本）。设第 j 个物流供应商获得的总协同收益为 T_j，则 T_j与整个供应链的协同运作状况有关，可设为 $T_j \sim N(\overline{\theta_j}, \sigma_{j\theta}{}^2)$；此外，设该物流供应商与其合作伙伴进行业务整合的成本为 F_j，则 F_j为一随机变量，可设 $F_j \sim N(\overline{l_j}, \sigma_{jl}{}^2)$。

考虑协同收益与协同成本，第 j 个物流供应商的净收益为：

$$W_j = S_j + T_j - F_j - C_j = \sum_{i=1}^{2}\alpha_{ji}(x_{ji}-x_{ji0}) + m_j + T_j - F_j - \frac{1}{2}\sum_{i=1}^{2}e_{ji}{}^2$$
$$(j=1, 2, \cdots, n; i=1, 2) \quad (4-17)$$

假定物流供应商的风险偏好为风险厌恶型，其风险厌恶度为ρ_j，则其确定性等价收入 U_j可以表示为：

$$U_j = E(W_j) - \frac{1}{2}\rho_j Var(W_j)$$
$$= \sum_{i=1}^{2}\alpha_{ji}(e_{ji}-x_{ji0}) + \overline{\theta_j} - \overline{l_j} + m_j - \frac{1}{2}\sum_{i=1}^{2}e_{ji}{}^2 - \frac{1}{2}\rho_j\left(\sum_{i=1}^{2}\alpha_{ji}{}^2\sigma_{ji}{}^2 + \sigma_{j\theta}{}^2 - \sigma_{jl}{}^2\right)$$
$$(j=1, 2, \cdots, n; i=1, 2) \quad (4-18)$$

4.2.2 模型建立及求解

在最大化自身利润的理性人假设下，要想使物流供应商接受业务，必须满足参与约束（IR），即物流供应商接受合同时所能得到的期望效用不能低于其不接受合同时的最大期望效用（保留效用 $\overline{u_j}$）。并且，该合同必须使得物流供应商达到其个人效用最大化的目标，即必须满足激励相容约束（IC）。因此，可基于委托—代理理论，并借鉴4PL组织、产业联盟等领域的合同设计，建立符合IR及IC条件的激励模型：①

$$\max_{\alpha_{ji},m_j} V = E(G) \quad (j=1,\ 2,\ \cdots,\ n;\ i=1,\ 2) \tag{4-19}$$

$$\text{s. t.} \quad (\text{IR})\ U_j \geqslant \overline{u_j} \quad (j=1,\ 2,\ \cdots,\ n) \tag{4-20}$$

$$(\text{IC})\ e_{ji} \in \arg\max U_j \quad (j=1,2,\cdots,n;i=1,2) \tag{4-21}$$

将式（4－18）代入式（4－21），按IC的一阶条件求解得出：

$$e_{ji} = \alpha_{ji} \quad (j=1,\ 2,\ \cdots,\ n;\ i=1,\ 2) \tag{4-22}$$

因为在最优情况下，参与约束（IR）为紧约束②，即式（4－20）中的等式成立，将该条件通过 m_j 代入制造企业的目标函数，可以得出：

$$V = \sum_{j=1}^{n}\Big[\sum_{i=1}^{2}(k_{ji}+t_{ji})e_{ji} - \overline{u_j} + \overline{\theta_j} - \overline{l_j} - \frac{1}{2}\sum_{i=1}^{2}e_{ji}^{\ 2} - \frac{1}{2}\rho_j\Big(\sum_{i=1}^{2}\alpha_{ji}^{\ 2}\sigma_{ji}^{\ 2} + \sigma_{j\theta}^{\ 2} - \sigma_{jl}^{\ 2}\Big)\Big]$$

$$(j=1,\ 2,\ \cdots,\ n;\ i=1,\ 2) \tag{4-23}$$

将式（4－18）代入式（4－21），得：

$$V = \sum_{j=1}^{n}\Big[\sum_{i=1}^{2}(k_{ji}+t_{ji})\alpha_{ji} - \overline{u_j} + \overline{\theta_j} - \overline{l_j} - \frac{1}{2}\sum_{i=1}^{2}\alpha_{ji}^{\ 2} - \frac{1}{2}\rho_j\Big(\sum_{i=1}^{2}\alpha_{ji}^{\ 2}\sigma_{ji}^{\ 2} + \sigma_{j\theta}^{\ 2} - \sigma_{jl}^{\ 2}\Big)\Big]$$

$$(j=1,\ 2,\ \cdots,\ n;\ i=1,\ 2) \tag{4-24}$$

此外，将最优化的一阶条件和式（4－22）代入式（4－18），可以整理得出固定支付表达式为：

$$m_j = \overline{u_j} - \overline{\theta_j} + \overline{l_j} + \frac{1}{2}\rho_j\sigma_{j\theta}^{\ 2} - \frac{1}{2}\rho_j\sigma_{jl}^{\ 2} + \frac{1}{2}\sum_{i=1}^{2}[2\alpha_{ji}x_{ji0} + (\rho_j\sigma_{ji}^{\ 2} - 1)\alpha_{ji}^{\ 2}]$$

$$(j=1,\ 2,\ \cdots,\ n;\ i=1,\ 2) \tag{4-25}$$

4.2.3 结论

1. 根据式（4－22）及式（4－25），虽然固定支付与物流供应商的努力

① 张维迎．博弈论与信息经济学［M］．上海：上海三联书店，上海人民出版社，2004；杨金．第四方物流对社会物流资源的整合研究［D］．重庆：重庆大学硕士学位论文，2005；王勇，杨金，廖冰．第四方物流作业分包的合同设计［J］．系统工程学报，2007，22（5）．

② 刘志学，许泽勇．基于非对称信息理论的第三方物流合作博弈分析［J］．中国管理科学，2003，11（5）．

程度并没有直接关系，但是，固定支付至少要满足式（4-25）的条件，否则他们不可能接受制造企业提出的合同条件。

2. 根据固定支付 m_j 的表达式（4-25），可知：平均协同收益 $\overline{\theta_j}$ 越大，给予物流供应商的固定支付就应越低；平均协同成本 $\overline{l_j}$ 越大，给予物流供应商的固定支付就应越高。

主要参考文献

[1] 王瑛，孙林岩. 供应链物流平衡分析［M］. 北京：清华大学出版社，2005.

[2] 王瑛，孙林岩，赵沂蒙. 基于欧氏范数的供应商评价方法［J］. 系统工程，2002，20（1）.

[3] 胡秦生，郑春勇，王惠卿. 模糊多目标系统实用最优决策决策法及应用［J］. 系统工程理论与实践，1996，16（3）.

[4] 樊为刚，侯丽红. 层次分析法的改进［J］. 科技情报开发与经济，2005，15（4）.

[5] 秦波涛. 改进层次分析法用于矿井安全性综合评价［J］. 西安科技学院学报，2002，22（2）.

[6] 王亮，石振武. 改进层次分析法在 BOT 高速公路风险评价中的应用［J］. 森林工程，2009，25（1）.

[7] 焦利明，于伟，李冬岩. 用赋权公式法对战术防空 C3I 系统综合效能评估［J］. 电光与控制，2006，13（4）.

[8] 王勇，杨金，廖冰. 第四方物流作业分包的合同设计［J］. 系统工程学报，2007，22（5）.

[9] 杨金. 第四方物流对社会物流资源的整合研究［D］. 重庆：重庆大学硕士学位论文，2005.

[10] 马新安，张列平，田澎. 供应链中的信息共享激励：动态模型［J］. 中国管理科学，2001，9（1）.

[11] 张维迎. 博弈论与信息经济学［M］. 上海：上海三联书店，上海人民出版社，2004.

[12] 刘志学，许泽勇. 基于非对称信息理论的第三方物流合作博弈分析［J］. 中国管理科学，2003，11（5）.

［13］李随成，蒲国利，梁工谦．制造企业供应商绩效评价及选择研究［J］．中国机械工程，2005，16（8）．

［14］杨建华．基于集成化供应链管理的供应商综合评价与选择［D］．天津：天津大学硕士学位论文，2001.

［15］霍佳震，雷星晖，隋明刚．基于供应链的供应商绩效评价体系研究［J］．上海大学学报：自然科学版，2002，8（2）．

［16］DICKSON G W，An analysis of vendor selection systems and decisions［J］．Journal Purchasing，1966（2）．

［17］WEBER C A，CURRENT J R，BENTON W C. Vendor selection on criteria and methods［J］．European Journal of Operational Research，1991（50）．

［18］LEAVY B. Two strategic perspectives on the buyer - supplier relationship［J］．Production and Inventory Management Journal，1994，35（2）．

［19］马新安，张列平，冯芸．供应链合作伙伴关系与合作伙伴选择［J］．工业工程与管理，2000（4）．

［20］谌述勇，陈荣秋．论 JIT 环境下制造商和供应商之间的关系［J］．管理工程学报，1998，12（3）．

［21］朱道立，林虹，曾宪文．供应商选择决策——集成化管理软件 ERP 系统供应商选择［J］．物流技术，2000（2）．

［22］陈菊红，汪应洛，孙林岩．虚拟企业伙伴选择过程及方法研究［J］．系统工程理论与实践，2001（7）．

［23］钱碧波，潘晓弘，程耀东．敏捷虚拟企业合作伙伴选择的方法研究［J］．中国机械工程，2000，11（4）．

［24］杨建华．战略供应链综合绩效评价体系与实施方法研究［D］．天津：天津大学博士学位论文，2005.

［25］宋加升，刘香．供应链管理中供应商的评价与选择［J］．中国市场，2006（2）．

［26］张衍，黄培清．客户—供应商关系及其特性研究［J］．外国经济与管理，2001（3）．

［27］刘晓，李海越，王成恩，等．供应商选择模型与方法综述［J］．中国管理科学，2004，12（1）．

［28］GREGORY R E. Source selection：a matrix approach［J］．European Journal of Purchasing & Supply Management，1986（22）．

[29] TIMMERMAN E. An approach to vendor performance evaluation [J]. Journal of Purchasing and Supply Management，1986 (1).

[30] Seaty T L，ALEXANDER J M. Thinking With Models：Mathematical Models in the physical，Biological and Social Sciences [M]. London：Pergamon Press，1981.

[31] MASOOD A，BADRI . A combined AHP – GP model for quality control systems [J]. Int. J. Production Economics ，2001 (72).

[32] DE BOER L，VAN DER WEGEN L，TELGEN J. Outranking methods in support of supplier selection [J]. Journal of Purchasing and Supply Management，1998 (4).

[33] YAHYAS ，MAN B K . Modelling a multi – objective allocation problem in a government sponsored entrepreneur development programme [J]. European Journal of Operational Research，2002 (136).

[34] 蔡晓斌．浅谈平衡计分卡改进及其应用实践 [J]．港口科技，2008，(2).

[35] 顾培亮．系统分析与协调 [M]．天津：天津大学出版社，1998.

[36] 王茂林．供应链环境下的制造企业精益物流运作研究 [M]．北京：中国物资出版社，2010.

[37] 陆道生．第四方物流：理论探索与实践运作 [M]．上海：上海社会科学院出版社，2003.

[38] 何维达．企业委托代理制的比较分析 [M]．北京：中国财政经济出版社，1999.

[39] 王晓州．建设项目委托代理关系的经济学分析及激励与约束机制设计 [J]．中国软科学，2004 (6).

[40] 高洁．论激励制度中的声誉和控制权分配 [J]．生产力研究，2004，(8).

[41] 郝辽钢，刘健西．激励理论研究的新趋势 [J]．北京工商大学学报：社会科学版，2003，18 (5).

[42] 敖志军，惠益民．存在道德危害的委托—代理模型中多重激励问题的研究 [J]．中国管理科学，1997，5 (4).

[43] 哈罗德·孔茨，海因茨·韦里克．管理学 [M]．郝国华，等，译．北京：经济科学出版社，1993.

[44] 唐清泉. 信息不对称下的激励与监控的模型分析 [J]. 中山大学学报：社会科学版，2001，41 (2).

[45] LAN MOLHO. Economics of information [M]. Boston：Blackwell Publishers,USA.，1997.

[46] 刘小辉，符少玲. 基于供应链管理的分销商选择 [J]. 企业经济，2005 (2).

[47] 李冰. 第四方物流及其在跨区域物流合作中的应用 [D]. 重庆：重庆大学，2004.

5 制造业与物流业联动发展的主要模式与趋势

近年来，制造业与物流业联动发展已成为业界的热门话题。本章主要基于企业运作实践，对制造业与物流业联动发展的主要模式进行了梳理，并在此基础上，对制造业与物流业联动发展的主要趋势进行了预测，以期从理论走向实践，希望能为有关政府部门进行产业结构调整、制定产业政策提供参考，希望能对制造业与物流业拓宽思维，在新的角度上融合渗透、互动发展贡献一点自己的微薄之力。

5.1 制造业与物流业联动发展的主要类型

制造业与物流业联动发展的主要类型可分为以下三种：交易型（事务型）、合同型（战术型）、战略联盟型（战略型）。[①]

5.1.1 交易型（事务型）

交易型是指制造企业将某项具体的物流业务外包给第三方物流供应商的形式。这种关系是建立在一次交易或一系列独立交易的基础之上的，是一种低层次的事务型物流外包，属制造业与物流业联动发展的初级阶段。

5.1.2 合同型（战术型）

合同型是指制造企业将物流活动的多项业务或全部业务活动外包给社会化、专业化的第三方物流供应商的形式，是一种较高层次的战术型合作模式，属制造业与物流业联动发展的中级阶段。

5.1.3 战略联盟型（战略型）

战略联盟是指由具备优良的资源整合能力的物流供应链服务商与渴望将自身资源集中于研发、生产等制造业核心环节的制造企业间所建立的一种长

① 杜漪，陈静波．物流外包的价值创造与发展趋势［J］．软科学，2007，21（3）．

期战略合作伙伴关系，是一种高层次的战略型合作模式，属制造业与物流业联动发展的高级阶段。

综上所述，制造业与物流业联动发展的主要类型如表 5－1 所示。

表 5－1　　制造业与物流业联动发展的主要类型

模式类型	主要服务需求	主要特征	基本合作模式
交易型（事务型）	物流成本低，物流服务较好	基础性服务的事务型外包，如运输、储存、装卸搬运等	一事一议的交易型合作
合同型（战术型）	服务领域多、质量好；流程一致、衔接好；持续改进、不断完善	提供一些附加服务（例如，逆向物流、代收货款）；逐年提高效率；关注执行	在合同框架下的中长期合作
战略联盟型（战略型）	制造业与物流业的配合制度化、标准化；长期信任机制已建立	战略目标相同，建立虚拟企业	利益共享、风险共担，股权参与或签署长期合同

资料来源：根据“杜漪，陈静波．物流外包的价值创造与发展趋势［J］．软科学，2007，21（3）”整理。

5.2　制造业与物流业联动发展的主要做法

5.2.1　制造企业剥离物流业务组建物流子公司①

由于受“大而全”、“小而全”思想的影响，我国很多制造企业都设有自己的物流部门，通常以“储运部”、“车队”等传统形式存在。2000 年 1 月，美的集团把庞杂的物流业务剥离出来，专门成立了一家物流公司——安得物流公司。安得物流公司拥有全国一体化的仓储体系、优良的物流供应链管理信息系统，这使得美的集团顺利实现了创建安得物流公司的首要目标，即显著降低美的集团物流供应链系统成本。因此，业内戏称安得物流是“美的的

① 薛景梅．我国家电制造企业物流模式选择［J］．企业活力，2007（3）．

重要筹码”[①]。

安得物流公司志不在小，既为美的集团提供服务，也作为专业化、社会化的第三方物流企业，积极拓展对外业务。目前，安得物流公司已经与玛氏食品、淘宝网、海螺等多家客户建立了长期战略合作关系，凭借出色的物流供应链运作能力和先进的管理理念，安得物流已经拥有多家世界五百强企业重要客户，赢得了“5A 级综合服务型物流企业”、“全国制造业与物流业联动示范企业”等众多殊荣。

5.2.2 制造企业物流业务部分外包[②]

该模式即制造企业将运输、储存、装卸、搬运、配送等部分物流业务进行外包，在该模式下，制造企业与物流企业进行联动的合作程度尚有待深化，该种模式往往仅针对某一个物流环节进行联动。该模式在石油、钢铁、家电等行业较为常见，因为这些行业的物流服务往往具有专业性，排他性较强，对物流服务的要求通常较高。例如，石油物流的特点包括石油物流设施、设备具有很强的安全性和专用性要求，跨国、跨区域流通规模大，资源分散，总费用增速快等。此外，一些传统的制造企业由于缺乏对物流外包风险进行有效控制的系统手段，以及在激烈的全球市场竞争环境下，一些制造企业出于降低企业总成本等方面的目的，也会考虑将物流业务进行部分外包。

有些第三方物流企业在制造企业物流业务部分外包中发挥了重要作用，取得了良好的效果。例如，南方物流企业集团有限公司在 VMI（Vendor Managed Inventory，供应商管理库存）项目方面做得尤为出色。南方物流企业集团有限公司可以对众多供应商的多个库存管理系统进行整合，使制造企业不需要直接面对多个供应商；在 VMI 管理模式中，需要大量的硬件资源和配套软件资源的支持，与生产制造企业相比，南方物流企业集团有限公司在仓储管理及物流供应链管理方面更加专业化，还可以提供包括硬件资源与配套软件等一系列的培训支持服务，最大限度地降低供应链综合成本。在国际电子行业巨头法国 THOMSON 公司积极倡导下，南方物流企业集团有限公司为其量身定制了 VMI 模式。南方物流企业集团有限公司派员进驻了 THOMSON 公

① 薛景梅．我国家电制造企业物流模式选择［J］．企业活力，2007（3）．

② 南方物流企业集团有限公司．与时俱进 求是创新 开创中国物流新模式．第二届全国制造业与物流业联动发展大会会议资料，2009，10．

司东莞厂区，本着“跟随加改进”的项目理念，仅历时 6 个月便全面成功地实施了 VMI 管理，涵盖其 3 条生产线、59 个配点等多个部门及多种主、辅材。

实施 VMI 管理模式有效避免了各方资源的浪费，并能显著缩短客户响应时间，提高客户满意水平。传统的 RMI（Retailer Managed Inventory，零售商管理库存）管理模式属粗放型管理模式，而 VMI 为集约型管理模式，实现了库存管理的系统优化，并实现了“多方共赢”。在该模式下，制造企业可以专注于核心业务的开发，以更好、更快地满足用户需求；而第三方物流企业利用该系统调节供应链库存水平，有效降低计划之外的短期需求所导致的额外成本，从而压缩了供应链总成本，同时创造了更多、更高的利润。

5.2.3 物流企业为制造企业打造“专业物流与供应链整体解决方案”①

这是一种制造企业、物流企业深入合作的联动发展模式。在该模式下，生产制造企业往往会倾向于与专业化、综合化的高水平第三方物流企业结成战略性长期合作伙伴，由该第三方物流企业为生产制造企业打造“专业物流与供应链整体解决方案”。

东北特殊钢集团有限责任公司（东北特钢集团）是我国特钢摇篮，是我国特钢研发和生产等相关领域的龙头企业。东北特钢集团非常重视物流与供应链网络的优化与整合，早在 2004 年就和沈阳铁道现代物流公司正式签订了现代物流领域合作协议。

沈阳铁道现代物流公司与东北特钢集团结成战略合作伙伴之后，按照东北特钢集团的委托，根据钢铁物流生产制造流程复杂、物流规模庞大、管理较困难、成本较高等特点，充分发挥自身优势，深入调研，精心设计，为东北特钢集团量体裁衣，认真打造了个性化、一体化的物流供应链整体解决方案。从东北特钢集团的销售物流体系入手，为其提供采购、生产制造、退货逆向物流等多方面的企业物流服务，并整合其销售渠道，提高供应链网络运

① 国家发展和改革委员会经济运行局，南开大学现代物流研究中心．中国现代物流发展报告（2008 年）［M］．北京：电子工业出版社，2008；国家发展和改革委员会经济运行局，全国现代物流部际联席会议办公室，南开大学现代物流研究中心．中国现代物流发展报告（2006 年）［M］．北京：机械工业出版社，2006.

营水平①。

综上所述，物流业务整体外包是制造企业物流运作的大势所趋。生产制造企业可以与专业化、综合化的大型第三方物流企业结成战略合作伙伴，由其根据行业物流特点，量身定制“专业物流与供应链整体解决方案”。

5.3 制造业与物流业联动发展中的创新探索

5.3.1 物流金融

物流金融可简单概括为金融机构与第三方物流企业合作开展的企业融资供应链服务。专业的第三方物流企业通过融入工商业和金融机构之间的供应链，分担“物控”、“监管”等职能，既提高了客户满意度，又为自身发展创造了丰厚的利润。因而，物流与供应链金融已经成为我国金融领域、工商企业领域、物流企业三方所共同关注的热点，是一个“共赢”互利的联动发展模式。②

中国物资储运总公司在我国开展物流金融业务时间最早、规模最大。中储发展股份有限公司（中国储运）传承于中国物资储运总公司（中储总公司），是我国最大的基于仓储的综合物流企业，是国内仓储行业的龙头企业，其无锡物流中心是全国制造业与物流业联动示范企业。早在20世纪90年代初期，中储就着手与银行开展合作，在进行了大量、详尽的调研工作的基础上，中储于1996年成功开发出我国第一个具有物资银行功能的质押管理软件，并于1999年开展了仓单质押业务，此后中储物流金融业务量逐年快速增加，为近500家企业提供质押融资监管等物流金融服务，质押融资规模累计已经高达150亿元。③

---

① 国家发展和改革委员会经济运行局，南开大学现代物流研究中心．中国现代物流发展报告（2008年）[M]．北京：电子工业出版社，2008；国家发展和改革委员会经济运行局，全国现代物流部际联席会议办公室，南开大学现代物流研究中心．中国现代物流发展报告（2006年）[M]．北京：机械工业出版社，2006.

② 国家发展和改革委员会经济运行局，南开大学现代物流研究中心．中国现代物流发展报告——全球化·整合·创新（2007年）[M]．北京：机械工业出版社，2007.

③ 王春艳．物流金融业务的发展为中国仓储业注入新活力——从中储“质押监管”创新模式得到的启示[J]．中国高新技术企业，2007，(4).

5.3.2 物流地产

制造企业对仓库、场站等涉及固定资产方面的物流供应商的选择非常谨慎，通常选择专业的第三方物流供应商代理模式，在此类领域很少投资于自营物流，从而将有限的资源配置集中于对供应链上下游环节的整合、监控等方面，以期有效降低成本、提高客户满意度。

1. 我国物流地产发展概况

物流地产是工业地产的一种特殊类型，指根据客户需求，选择合适地点，投资建设仓库、码头、物流园区等物流设施，该物流设施建成后，投资商将其转租给制造商、销售商、物流公司等客户，并提供专业的资产管理队伍进行物业管理和相关的物流服务。物流地产是一种基于外包理念的物流专业化发展的产物，在国外已有约30年的发展历史，但在我国还是一个新生事物。

在我国，“物流地产”概念是由外资物流地产商引进的，随后国内众多房地产企业、物流企业及大型电子商务企业纷纷涌入，近年来发展迅猛。2003年，全球最大的工业地产商——美国普洛斯公司登陆中国市场，截至2010年，普洛斯在中国完工和在建物流地产面积达到376万平方米[①]，世界500强企业中有一半以上是普洛斯的核心客户，其中包括通用、宝洁、全球四大跨国物流公司等。此外，全球第二大工业地产商——美国安博置业公司、澳大利亚著名的投资机构麦格理集团、日本新熙地株式会社、新加坡丰树信托投资基金等外资公司也都在我国开展了物流地产业务。在外资企业的带动下，我国的和记黄埔、珠江地产以及宝供物流、中储集团等众多房地产企业和物流企业相继投入该领域。近年来，受制于物流仓储发展瓶颈及看中物流地产投资较少、回报率较高、升值潜力较大等特点，京东商城、阿里巴巴集团、当当网、卓越亚马逊等电商巨头纷纷大举进入物流地产业。例如，2011年3月，占地258亩的京东商城物联网基地及华南总部项目落户中新广州知识城，加上先前投资，总共购地近1400亩。又如，2011年1月，阿里巴巴集团宣布斥资千亿元资金建设仓储物流体系，阿里仓储将被定位为专业的物流地产商，将成为面向综合物流企业、淘宝网卖家、独立的B2C电子商务网站等多类型客户的开放的社会化仓储服务平台。

---

① 刘伟，王薇．电商大佬VS房产巨头谁能成为中国物流地产的“普洛斯”？[J]．安家，2011，(7)．

2. 区域物流地产商在制造企业供应链中的地位

自2005年12月我国物流服务领域全面开放以来，国际知名跨国物流企业加紧在我国的布局，在物流行业某些领域，如物流地产、国际快递等方面，有的外资跨国物流企业已经处于领先地位。与此同时，我国物流企业“走出去”的步伐正逐步加快，例如，中远集团、中国海运集团、中外运集团等多家大型物流企业，对外直接投资存量稳步提高，在工程物流、会展物流等领域，已经具备了较强的国际竞争力，且在物流地产、物流金融等附加值较高的增值服务领域，也积极展开了探索和尝试。

传统物流企业的一体化服务功能较差、难以满足工商企业的多方位要求是其发展的瓶颈问题之一。现代物流企业所能提供的物流服务，已经突破传统意义上的运输、储存、装卸、搬运等常规服务，而由常规服务延伸而来的物流地产、物流金融等增值服务将有力提升物流企业的一体化服务能力，从而成为物流企业和工商企业联动发展的新的原动力。国外先进物流企业在此方面已经先行一步，例如，UPS、FedEx、DHL、TNT等都在开展涵盖多种服务形式的物流一体化服务，涉及物流金融、技术速递、物流地产等上下游环节，受到了工商企业的普遍欢迎，获得了可观的经济效益。在竞争激烈的买方市场背景下，物流企业提供一体化服务可以有效提升其对工商企业的吸引力，促进工商企业与物流企业的“双赢”或者“共赢”。

物流业属于服务业，跨国供应链的核心企业一般为制造企业，如丰田汽车、宝钢等。跨国供应链核心企业通常把有限的资源投入于其核心业务，如产品研发、生产制造、销售等领域，而把运输、储存、装卸、搬运、包装、流通加工、配送等物流类非核心业务外包给专业的物流企业，由其提供专业的一体化服务。这种一体化服务的关键在于对该物流企业内部及外部各类必需的物流资源的有效整合。物流地产商由于受当地的土地资源、政策条件等多方面因素的制约，较少能提供综合性的一体化物流服务，特别是跨国的一体化物流服务，因此，区域物流地产商通常是以制造企业的合作伙伴的形式融入跨国供应链网络。

5.4 制造业与物流业联动发展中的“走出去”战略

我国是一个制造业大国，制造业在经济全球化下的发展，离不开作为生产性服务业的物流行业的支持。在我国政府出台的钢铁、汽车、船舶等十大产业的振兴规划之中，《物流业调整和振兴规划》是其中唯一的服务领域产业规划，其目标之一是以物流业促进制造业、商贸业等其他产业的发展。在我国对外投资涉及的产业领域之中，投资最多的是制造业。物流业作为重要的生产性服务业之一，已经融入制造业产业链的多个环节，是制造业提高全球竞争力的重要保障。我国物流业对于制造业进行国际化发展、实施“走出去”战略具有积极的促进作用。

5.4.1 我国制造业与物流业对外直接投资概况

1. 我国制造业对外直接投资的现状概述

我国实施“走出去”战略已经有十余年，我国制造企业对外直接投资的步伐较快。根据中国国际贸易促进委员会公布的统计数据，在我国对外投资涉及的行业之中，投资最多的是制造业，截至2012年年底，有33%的企业投资于海外的制造业①。

（1）中国制造业对外直接投资的流量

2012年，我国制造业对外直接投资的流量高达866741万美元，比2011年增长23.10%，增幅比2011年回落27.87%，2006—2012年年均增速达38.06%，如图5－1所示。

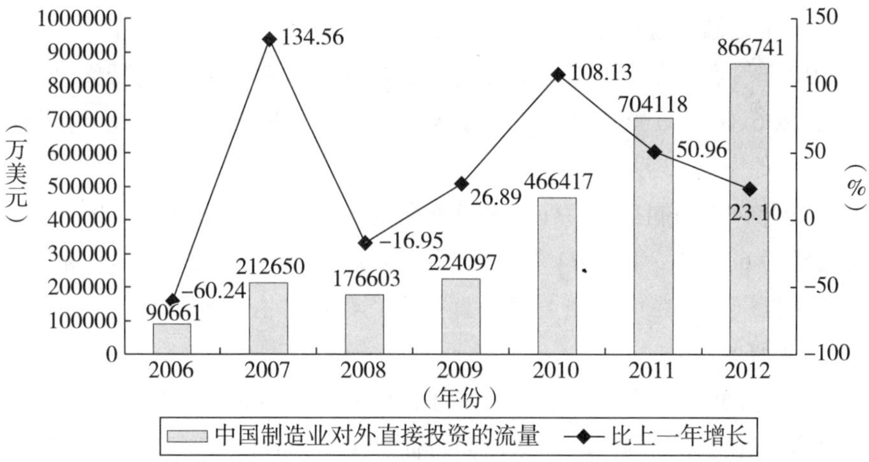

图5－1 2006—2012年我国制造业对外直接投资的流量及其名义增长率

资料来源：根据《2012年度中国对外投资统计公报》相关数据整理。

① 中国国际贸易促进委员会．《2013年度中国企业对外投资情况及意向调查报告》。

2012 年，中国制造业对外直接投资流量在中国企业对外直接投资流量中占的比重为 9.87%，比 2011 年上升了 0.44%，2006—2012 年，中国制造业对外直接投资流量在中国企业对外直接投资流量中占的比重均值为 6.50%，如图 5－2 所示。

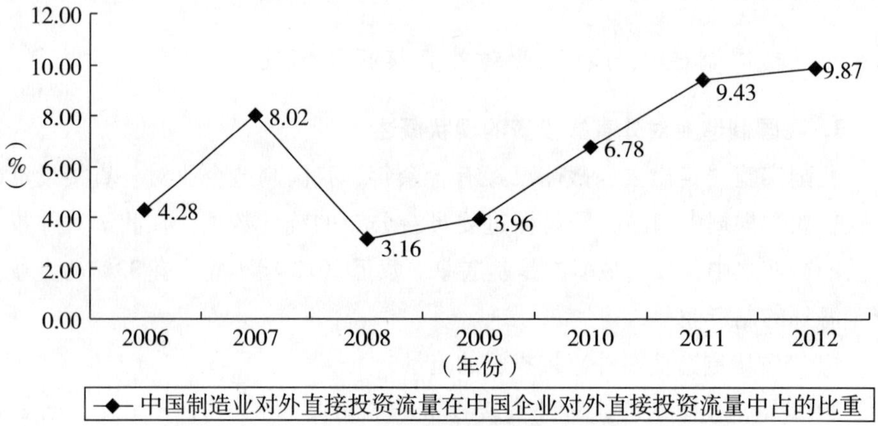

图 5－2　2006—2012 年中国制造业对外直接投资流量在中国企业对外直接投资流量中占的比重

资料来源：根据《2012 年度中国对外投资统计公报》相关数据整理。

（2）中国制造业对外直接投资的存量

2012 年，我国制造业对外直接投资的存量高达 3414007 万美元，比 2011 年增长 26.61%，增幅比 2011 年回落 24.86%，2006—2012 年年均增速达 29.74%，如图 5－3 所示。

2012 年，中国制造业对外直接投资存量在中国企业对外直接投资存量中占的比重为 6.42%，比 2011 年上升了 0.07%，2006—2012 年，中国制造业对外直接投资存量在中国企业对外直接投资存量中占的比重均值为 6.51%，如图 5－4 所示。

制造业在我国现在和未来的经济建设中占有举足轻重的地位。信息、技术以及资本在全球范围内的高速流动，促进了全球产业结构的调整，其中最重大的标志就是全球制造业的转移，中国已成为承接全球制造业转移的重要地区，“中国制造”的品牌在世界范围内迅速崛起。显然，中国企业对外投资活跃的产业领域符合中国的比较优势。

2. 我国物流业对外直接投资的总体状况

中国物流企业在外资物流企业大举进入中国市场的同时，积极实施“走

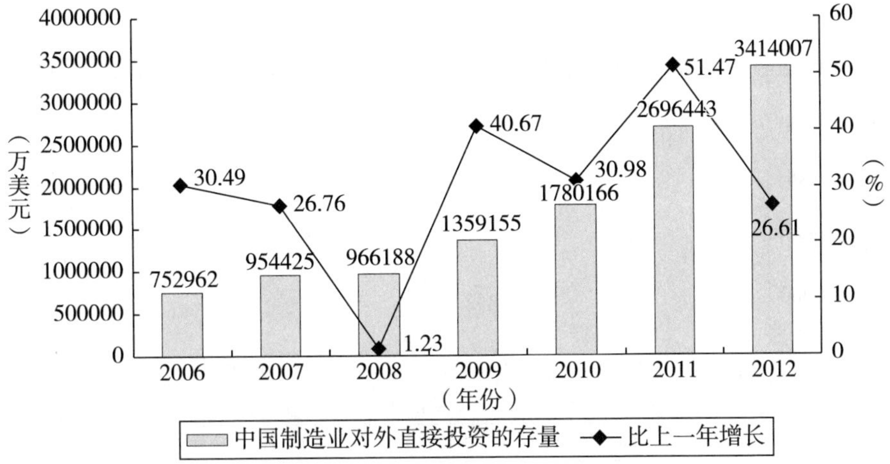

图 5－3　2006—2012 年我国制造业对外直接投资的存量及其名义增长率

资料来源：根据《2012 年度中国对外投资统计公报》相关数据整理。

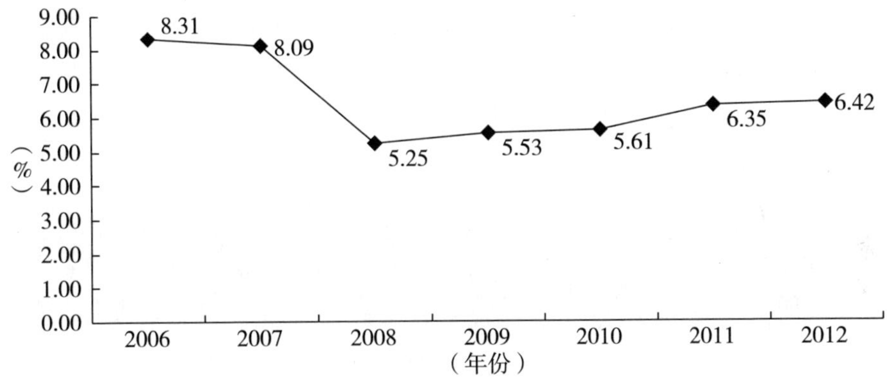

图 5－4　2006—2012 年中国制造业对外直接投资存量在中国企业对外直接投资流量中占的比重

资料来源：根据《2012 年度中国对外投资统计公报》相关数据整理。

出去”战略，打造、嵌入全球供应链。

（1）中国物流业对外直接投资的流量

2012 年，我国物流业对外直接投资的流量高达 298814 万美元，比 2011 年增长 16.55%，增幅比 2011 年上涨了 71.21%，2006—2012 年年均增速高达 58.94%，如图 5－5 所示。

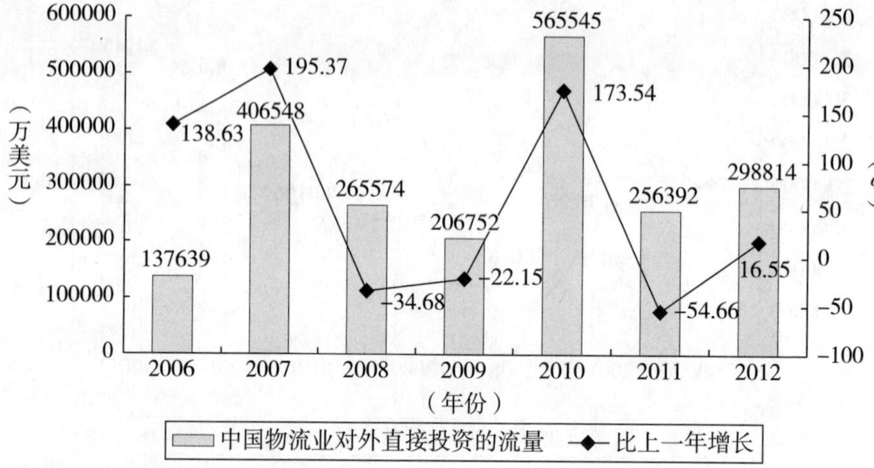

图 5－5　2006—2012 年我国物流业对外直接投资的流量及其名义增长率

资料来源：根据《2012 年度中国对外投资统计公报》（交通运输、仓储和邮政业）相关数据整理。

2012 年，中国物流业对外直接投资流量在中国企业对外直接投资流量中占的比重为 3.40%，比 2011 年下降了 0.03%，2006—2012 年，中国物流业对外直接投资流量在中国企业对外直接投资流量中占的比重均值为 6.47%，如图 5－6 所示。

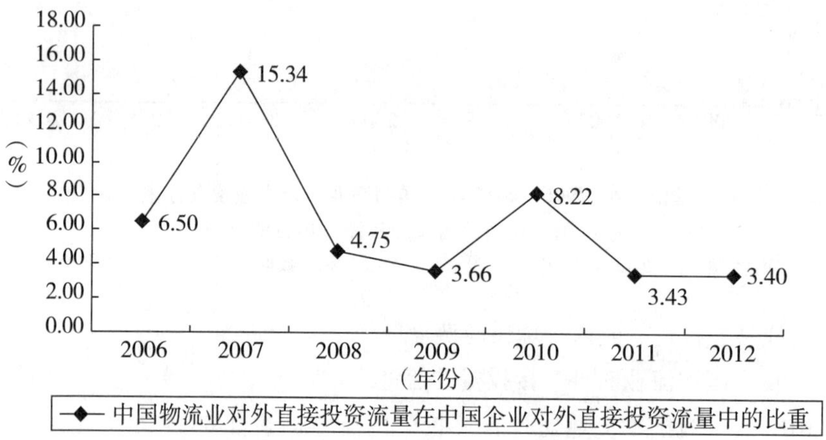

图 5－6　2006—2012 年中国物流业对外直接投资流量在中国企业对外直接投资流量中占的比重

资料来源：根据《2012 年度中国对外投资统计公报》（交通运输、仓储和邮政业）相关数据整理。

（2）中国物流业对外直接投资的存量

2012 年，我国物流业对外直接投资的存量高达 2922653 万美元，比 2011 年增长 15.70%，增幅比 2011 年上涨了 6.75%，2006—2012 年年均增速高达 23.60%，中国物流业国际化发展进程已经显著加快，如图 5-7所示。

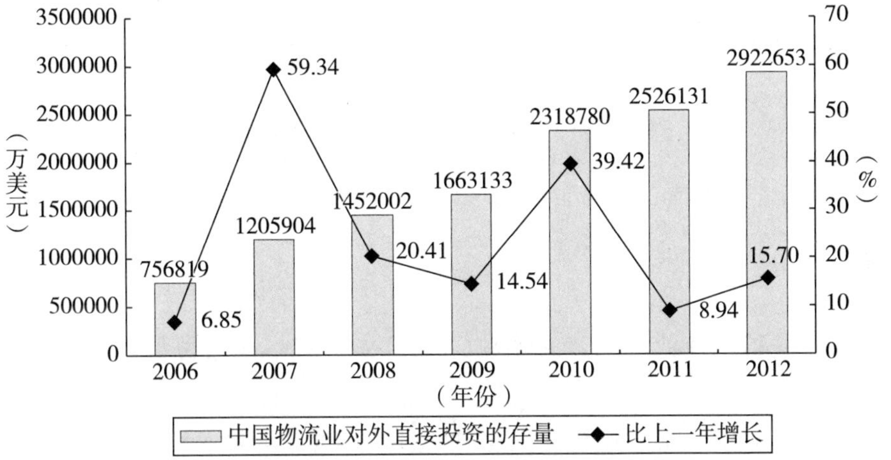

图 5-7　2006—2012 年我国物流业对外直接投资的存量及其名义增长率

资料来源：根据《2012 年度中国对外投资统计公报》（交通运输、仓储和邮政业）相关数据整理。

2012 年，中国物流业对外直接投资存量在中国企业对外直接投资存量中占的比重为 5.49%，比 2011 年下降了 0.46%，2006—2012 年，中国物流业对外直接投资存量在中国企业对外直接投资存量中占的比重均值为 7.43%，如图 5-8 所示。目前，中国物流企业对外投资的总金额仍然较小，在中国企业对外直接投资总额中所占比例仍然较低。

目前，在中国非金融类企业对外直接投资存量的靠前的企业中，已包括中远集团、中国海运集团、中国航空集团等多家大型国有物流企业。总体而言，中国物流企业“走出去”的步伐正逐渐加快，但目前主要局限于水上运输业和航空运输业等传统领域的投资，而在附加值较高的物流金融、物流地产等新兴行业的投资比例亟待提高。

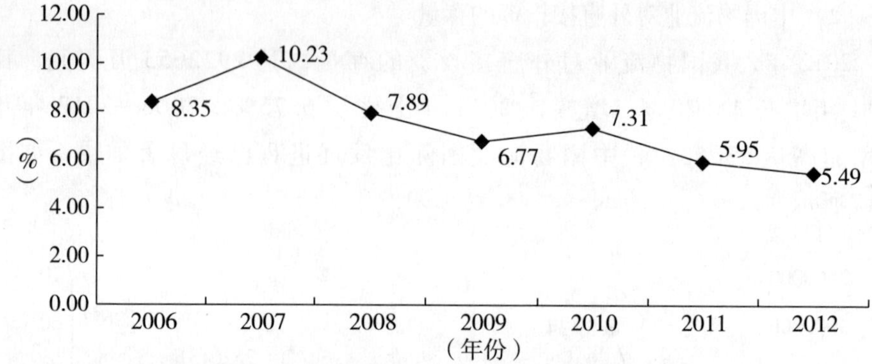

图 5-8　2006—2012 年中国物流业对外直接投资存量在中国企业对外直接投资存量中占的比重

资料来源：根据《2012 年度中国对外投资统计公报》（交通运输、仓储和邮政业）相关数据整理。

5.4.2　我国制造业与物流业实施"走出去"战略中的协调性分析

本书拟对中国制造业与物流业对外直接投资的流量、存量分别进行灰色综合关联度分析，然后计算二者之间的均值，以期能科学地测量我国制造业与物流业实施"走出去"战略中的协调性。中国制造业与物流业对外直接投资的流量、存量灰色综合关联度分析指标数据分别如表 5-2、表 5-3 所示。

表 5-2　中国制造业与物流业对外直接投资的流量灰色综合关联度分析指标数据

流量指标	变量代码	2006 年	2007 年	2008 年	2009 年	2010 年	2011 年	2012 年
中国制造业对外直接投资的流量（万美元）	Y_1	90661	212650	176603	224097	466417	704118	866741

续 表

流量指标	变量代码	2006 年	2007 年	2008 年	2009 年	2010 年	2011 年	2012 年
中国物流业对外直接投资的流量（万美元）	X_1	137639	406548	265574	206752	565545	256392	298814

资料来源：根据《2012 年度中国对外投资统计公报》相关数据整理。

表 5－3 中国制造业与物流业对外直接投资的存量灰色综合关联度分析指标数据

存量指标	变量代码	2006 年	2007 年	2008 年	2009 年	2010 年	2011 年	2012 年
中国制造业对外直接投资的存量（万美元）	Y_2	752962	954425	966188	1359155	1780166	2696443	3414007
中国物流业对外直接投资的存量（万美元）	X_2	756819	1205904	1452002	1663133	2318780	2526131	2922653

资料来源：根据《2012 年度中国对外投资统计公报》相关数据整理。

1. 中国制造业与物流业对外直接投资的流量灰色综合关联度计算

待计算的以下两个序列将被整理为等时距序列（1 时距序列）。

序列 Y_1：90661，212650，176603，224097，466417，704118，866741

序列 X_1：137639，406548，265574，206752，565545，256392，298814

（1）计算灰色绝对关联度

①两序列的始点零化像

序列 Y_1：0.0000，121989.0000，85942.0000，133436.0000，375756.0000，613457.0000，776080.0000

序列 X_1：0.0000，268909.0000，127935.0000，69113.0000，427906.0000，118753.0000，161175.0000

②计算 $|s_0|$、$|s_1|$ 及 $|s_1-s_0|$

$|s_0|=1718620$；$|s_1|=1093203.5$；$|s_1-s_0|=625416.5$

序列 Y_1 和序列 X_1 的灰色绝对关联度 =0.8180

（2）计算灰色相对关联度

①两序列的初值像

序列 Y_1：1.0000，2.3456，1.9479，2.4718，5.1446，7.7665，9.5602

序列 X_1：1.0000，2.9537，1.9295，1.5021，4.1089，1.8628，2.1710

②两序列的始点零化像

序列 Y_1：0.0000，1.3456，0.9479，1.4718，4.1446，6.7665，8.5602

序列 X_1：0.0000，1.9537，0.9295，0.5021，3.1089，0.8628，1.1710

③计算 $|s_0|$、$|s_1|$ 及 $|s_1-s_0|$

$|s_0|=18.9565$；$|s_1|=7.9425$；$|s_1-s_0|=11.014$

序列 Y_1 和序列 X_1 的灰色相对关联度 =0.7170。

（3）结论

序列 Y_1 和序列 X_1：

灰色绝对关联度：0.8180；

灰色相对关联度：0.7170；

灰色综合关联度：0.7675。

2. 中国制造业与物流业对外直接投资的存量灰色综合关联度计算

待计算的以下两个序列将被整理为等时距序列（1 时距序列）。

序列 Y_2：752962，954425，966188，1359155，1780166，2696443，3414007

序列 X_2：756819，1205904，1452002，1663133，2318780，2526131，2922653

（1）计算灰色绝对关联度

①两序列的始点零化像

序列 Y_2：0.0000，201463.0000，213226.0000，606193.0000，1027204.0000，1943481.0000，2661045.0000

序列 X_2：0.0000，449085.0000，695183.0000，906314.0000，1561961.0000，1769312.0000，2165834.0000

②计算 $|s_0|$、$|s_1|$ 及 $|s_1-s_0|$

$|s_0|=5322089.5$；$|s_1|=6464772$；$|s_1-s_0|=1142682.5$

序列 Y_2 和序列 X_2 的灰色绝对关联度 =0.9116。

（2）计算灰色相对关联度

①两序列的初值像

序列 Y_2：1.0000，1.2676，1.2832，1.8051，2.3642，3.5811，4.5341

序列 X_2：1.0000，1.5934，1.9186，2.1975，3.0639，3.3378，3.8618

②两序列的始点零化像

序列 Y_2：0.0000，0.2676，0.2832，0.8051，1.3642，2.5811，3.5341

序列 X_2：0.0000，0.5934，0.9186，1.1975，2.0639，2.3378，2.8618

③计算 $|s_0|$、$|s_1|$ 及 $|s_1-s_0|$

$|s_0|=7.06825$；$|s_1|=8.5421$；$|s_1-s_0|=1.47385$

序列 Y_2 和序列 X_2 的灰色相对关联度 =0.9185。

（3）结论

序列 Y_2 和序列 X_2：

灰色绝对关联度：0.9116；

灰色相对关联度：0.9185；

灰色综合关联度：0.9151。

由此可以算出，中国制造业与物流业对外直接投资的流量、存量灰色综合关联度二者之间的均值为 0.8413。根据经验，当分辨系数取 0.5 时，若灰色关联度大于 0.6，则认为关联性显著①。

5.4.3 我国物流业对制造业对外直接投资的促进

自 20 世纪 90 年代以来，由于科学技术的飞速进步和全球市场的迅猛发展，制造企业逐渐面对一个变化迅速且难以预测的买方市场，传统的生产与经营模式对市场剧变的响应越发迟缓和被动。为了摆脱困境，供应链研究热潮应运而生。英国著名供应链专家 Martin Christopher 提出："21 世纪的竞争不是企业和企业之间的竞争，而是供应链和供应链之间的竞争。"

制造业的国际化发展离不开作为生产性服务业的物流行业的支持。尤其是在全球经济一体化格局下，市场竞争体现为产品质量、成本、交货期、服务和环保等多方面的竞争，大多数制造企业面临较大的成本压力，为降低成本、提高核心竞争力，制造企业加大物流业务外包，加快与物流

① 侯红山，陶晗．灰色关联分析在农业生产中的应用——影响粮食生产的主要因素分析［J］．西南农业大学学报：社会科学版，2012，10（4）．

企业携手共同发展。可见，随着制造业现代化、全球化进程的加快，物流已经融入制造业产业链的多个环节，是制造业提高全球竞争力的重要保障。首先，高质量、低成本的全球采购与生产物流是制造企业提高竞争力的重要基础，采购物流费用的高低，原材料、零部件及半成品的数量、质量、通畅程度是否符合生产经营要求，直接影响企业产品生产的数量、质量、交货期。其次，制造企业通过建立高效的全球销售物流系统，全面地管理所销售货物的装卸、搬运、保管、配送等物流环节，可以有效地提高制造企业的整体效益与运营效率。最后，发展逆向物流是制造业与社会协调发展的必然要求，只有把提高企业经济效益与资源循环利用、环境保护有机地结合起来，才能真正实现制造企业与人类社会的协调发展。

随着我国经济的持续发展，我国制造企业的经济实力和管理水平不断提升，它们积极参与全球范围内的重大跨国并购项目，并与物流企业展开了深入合作，努力实现“双赢”。例如，中国浙江吉利控股集团有限公司抓住金融危机的机遇，成功收购了北欧最大的汽车企业沃尔沃汽车公司。同时，吉利汽车公司的全球化零部件供应体系正在快速构建，吉利汽车公司已在产品研发、全球采购、国际物流、全球销售等多个环节与物流企业、供货商等合作伙伴展开了一体化深入合作。从 2010 年开始，上海畅联国际物流有限公司协助吉利汽车公司部分项目打造以市场需求信息为源动力的，集生产计划、采购、物流、销售、供应商资源整合为一体的准时化、同步、全透明的精益供应链信息网络系统，逐步帮助吉利实现全球精益化生产方式。又如，飞马国际供应链股份有限公司专注于石油行业的国际采购、国际运输等现代物流服务，为中石油提供国际采购总包服务。对于全球主要的石油设备供应商哈里波顿、贝克休斯等，飞马国际都与之建立了长期稳定的合作伙伴关系。此外，为解决中石油国外采购设备超大、超重、形状不规则且时效性高的物流运作难题，飞马国际从运输、仓储到通关、保险和方案设计，协助中石油优化整个国际物流供应链。目前，飞马国际为中石油提供的物流总包服务占到了中石油所有 FOB 采购合同的约 70%。

5.4.4 我国物流业在制造业对外投资中的发展策略

1. 积极参与对外直接投资，选择适合的投资形式

我国物流企业应积极参与对外直接投资，并应选择适合企业自身的投资形式。在对外直接投资中，可考虑采用直接投资建厂创建、兼并与收购、拓展或升级现有设施等多种形式。日本学者原正行教授基于托宾的 Q 理论，把对外直接投资的类型划分为三种来进行分析。设：R_1、R_2 分别为并购和创建后的企业赢利的现值；C_1、C_2 分别为并购和创建的总成本的现值。

设 $Q_1 = R_1/C_1$，$Q_2 = R_2/C_2$

若 $Q_1 > 1$ 且 $Q_2 < 1$，显然应选择并购的形式；

若 $Q_1 < 1$ 且 $Q_2 > 1$，显然应选择创建的形式；

若 $Q_1 < 1$ 且 $Q_2 < 1$ 时，并购和创建的形式都不合理；

若 $Q_1 > 1$ 且 $Q_2 > 1$ 时，若 $Q_1/Q_2 > 1$，则应选择并购的形式，若 $Q_1/Q_2 < 1$，则应选择创建的形式。

一般而言，实施资产导向型战略的企业多数采取并购形式。并购东道国原有公司的形式是跨国公司首次进入不熟悉的或竞争激烈的市场的主要手段之一。与创建相比，并购具有利于争取时间、充分利用原有资源和优势、便于资金融通等诸多便利。例如，中远集团通过收购新加坡 SUN 集团有限公司成立了中远投资（新加坡）有限公司，加快了在东南亚经营活动的步伐。但创建作为一种对外直接投资的方式仍然较为常见，这是因为并购自身同样存在一些缺点，如被收购企业资产的价值评估很难做到准确、受原有契约和传统关系的束缚过多等。

2. 充分发挥母国基地优势

我国是一个制造业大国，“中国制造”的品牌在包括中国市场在内的整个世界市场范围内迅速崛起。物流业是重要的生产性服务业之一，我国物流企业的母国优势主要体现在我国市场规模和市场潜力巨大、劳动力成本较低、融资成本较低、在华跨国公司技术外溢等方面。无论国外市场的战略意义有多大，做好国内市场是我国物流企业健康持续发展的基础。我国物流企业应当充分利用母国基地优势，打造自己的核心国际竞争能力。改革开放 30 多年来，我国大力开展对外贸易、吸引外商投资，这为我国物流企业进行内向国际化发展提供了良好的平台，有利于为外向全球扩张打好基础。我国物流企业可以在国内通过建立企业联盟等方式加强与国外物流巨头的联系并提升自己的能力，推动上下游供应链网络的业务扩张，为其全球扩张做好准备。因此，我国物流企业应首先在母国和制造企业、物流联盟企业进行积极合作，努力培育自己的核心国际竞争能力，提高规模经济性和服务水平，从而为国际化发展打下坚实的基础。

3. 主动适应制造业生产方式的变化

在经济全球化背景下，消费者的需求更加多样化、个性化、国际化，产品生命周期相应缩短，制造企业基于时间的全球竞争态势已经确立。如果客户的第一选择未得到立刻满足，他们更愿意接受替代产品。因此，制造企业更加重视采用“精益生产”、“延迟制造”、“柔性生产”等先进生产方式，以灵活、快速地响应客户多变的需求。对物流企业来说，应持续进行流程改善，简化客户操作，缩短订单处理周期，加速资金流转，降低仓储成本和运输成本，加强供应链网络的协调配合。

4. 努力构建精益物流系统

信息、技术、资金、人力资本等资源的全球流动，促进了全球产业结构的调整。同时，中国庞大的消费群体和持续快速的经济增长所导致的巨大国内市场潜力，推动着我国制造业的产业升级与跨越式发展，并推动我国制造业“走出去”的步伐日益加快，从而使得“中国制造”的品牌在世界范围内迅速崛起。但不容忽视的是，自 20 世纪 90 年代以来，包括中国市场在内的整个世界市场加速向供大于求的买方市场转变。与此同时，随着制造业机械化、电气化和信息化程度的普及与提高，越来越多的企业开始把提高效率、降低成本的着眼点放到了物流领域。2010 年，我国社会物流总费用为 7.1 万亿元，占当年 GDP 的比率为 17.8%，同比下降 0.3%，物流运行效率有所提高，而在美国，社会物流总费用占当年 GDP 的比率已由 20 世纪 90 年代的 12% 左右下降到目前的 10% 以下。相比之下，我国物流业效率偏低，但已有所好转。我国制造企业为在日益激烈的全球市场竞争中站稳脚跟，也开始挖掘物流这一重要的“第三利润源泉”。

精益物流系统是一个不断改进的动态系统，其秉承“精益求精、持续改善”的理念，在发展中融入了战略联盟、供应链管理等先进思想，精益物流概念除了包含“高质量与低成本”的字面理念外，还蕴含着“准时且准确、客户需求拉动、客户满意、强调协调”等本质哲理。精益物流供应链各企业之间的关系由过去的企业之间完全你死我活的输赢（Win—Lost）关系转变成一种双赢或共赢（Win—Win）的关系。该系统的广泛应用，必将使传统的生产和流通领域产生巨大的变革，因此精益物流理论的推广和应用将有利于促进制造业与物流业在经济全球化环境下的共同发展。发展精益物流是克服目前我国制造企业所出现的供需失衡、过度竞争等弊病，引导我国制造企业加快国际化发展的重要途径。

5. 注重应用物联网等新兴信息技术

在信息技术方面，如果实现了制造企业与物流企业之间信息交换的畅通，将会使得双方之间的合作更加简单、更加富有效率，从而有效降低制造业与物流业合作关系的形成阻力，显著提高合作收益。作为信息技术的重要组成部分，近年来物联网技术迅速升温，成为业界关注的焦点之一。物联网技术代表了信息技术未来的发展方向之一，被称为继电脑、互联网之后世界信息产业第三次浪潮，具有庞大的市场和产业空间。该技术在制造领域的应用，已经为制造业的仓储管理、运输配送等多个物流环节解决了大量的技术和管理问题，使得“制造”与“物流”通过物联网加速融合，快速提高了客户服务水平。

6. 以最终客户需求为导向

最终客户需求是企业供应链网络价值流的源头，是驱动企业生产的原动力。物流企业和制造企业应该通过信息平台建设等手段，携手为最终客户创造更好的产品、提供更好的服务。这也是基于当前全球化市场竞争环境所发生的巨大变化。最终客户选择产品或服务的范围日益扩大、与厂商讨价还价的能力日益加强，这些促使企业越发注重经营方式的转变。

7. 积极开展增值服务、创新服务、差异化服务

由于全球性通胀、国际油价飙升等因素，物流企业的运营成本大幅提高。同时，随着行业竞争加剧，物流服务收费普遍降低，运输和仓储等基础性服务已进入微利时代，而全球配送、流通加工、国际代理、仓单质押、供应链管理等增值服务快速发展。物流企业效益的好坏越来越依赖于其增值服务及业务创新能力的高低。例如，国际集装箱运输经过多年发展，海运服务已日趋同质化，在船型配置、基本费用、交货期等方面均接近的情况下，集装箱运输业的竞争就主要体现在差异化服务等方面的竞争上。中远集运公司在美洲航线坚持大力推介加拿大鲁伯特王子港新的低成本差异化中转路径，在明显降低北美内陆中转支出、增强航线整体竞争力的同时，还成功促使美国铁路公司推迟合约年度的费率上调计划，给予中远集运公司以费率优惠。据初步统计，鲁伯特王子港开辟半年来，直接降低中远集运公司经营成本达数千万美元①。

---

① 中国交通报社．全球化思维 本土化做事——访中远集装箱运输有限公司董事总经理孙家康[N]．中国交通报，2008－09－26.

8. 注重多元化的人力资源和跨国企业文化管理

正如加拿大学者 Grubel 和 Walker 所说，“生产性服务部门乃是把日益专业化的人力资本和知识资本引进商品生产部门的飞轮”。我国物流企业在全球化运作中，应该高度重视外籍员工的吸引、使用和激励，积极推进全球化经营和发展①。多元化、专业化的员工队伍和高素质的管理团队，是我国物流企业为客户提供高水平服务的根本所在。

9. 与制造业进行多方位的密切协作

从经济发达国家实际运作情况来看，物流企业与制造企业的合作方式种类繁多，但其中都蕴含了一条不变的主线——共享信息和共同制定供应链物流解决方案。例如，美国的太阳微系统公司的北美市场客户要求维修用配件的配送时间从 2 天缩短到 1 小时，甚至有些客户要求即时的现场维修作业，面临这种情况，该公司与制药业物流专家 USCO 物流服务公司建立战略联盟关系，把运输、仓储、配件调度以及维修作业本身等多个环节都交给 USCO 公司管理，在取消了几个地区性仓库的同时，使 1 小时配送的服务准时率高达 96.5%②。

10. 物流企业之间结成战略联盟

由于跨国公司经营活动的全球化，其所需要的物流服务具有明显的复杂性，单一的物流外包商往往难以满足物流服务全球化与综合化的发展需要，难以实现物流全过程的价值最优化，难以提供低成本、高质量的准时化物流服务。目前，我国物流企业，尤其是中小型民营企业的自身力量较为薄弱，在与大型跨国物流企业的竞争中常常处于不利局面。因此，通过与相关物流企业结成战略联盟，可以使物流企业在未进行大规模资本投资的情况下，为客户提供集海运、河运、公路运输、铁路运输、航空运输于一体的“门到门”的服务，从而提高全球竞争能力。

综上所述，供应链协同与一体化发展是提升制造业和物流业核心竞争力、实现产业升级的重要规律和有效途径。如果制造企业能够和专业的物流公司在对外直接投资中不断扩展合作的深度和广度，将有助于提升我国制造业和物流业的国际竞争力，推动我国产业结构升级和经济增长方式转变。

---

① 王茂林，刘秉镰．制造业与物流业联动发展中存在的问题与趋势［J］．现代管理科学，2009（3）．

② 张立玮．制造企业发展第三方物流的思路探讨［J］．商业时代，2006（29）．

5.5 制造业与物流业联动发展的主要趋势

5.5.1 制造业生产方式变化对物流业提出更高要求

在经济全球化背景下，消费者的需求更加多样化和个性化，产品生命周期相应缩短，制造企业间基于时间的竞争态势已经确立。如果客户的第一选择未得到立刻满足，他们更愿意接受替代产品。因此，制造企业更加重视采用“敏捷制造”、“精益生产”、“柔性生产”等先进生产方式，以快速响应客户多变的需求。对物流企业来说，加强和制造企业的协调配合，持续进行流程改善、简化客户操作、缩短订单处理周期、加速资金流转、降低仓储成本和运输成本等方案都将有助于制造企业迅速满足客户的多样化、个性化需求。

5.5.2 制造业兼并重组将给两业联动带来新的发展空间

为了进一步贯彻《国务院关于促进企业兼并重组的意见》（国发〔2010〕27号），2011年工信部将以汽车、钢铁、水泥、机械制造、电解铝、稀土等行业为抓手，促进重点行业和领域企业兼并重组，促进重点产业调整和振兴规划的贯彻落实。工信部将尽快建立健全组织协调机制，统筹协调企业兼并重组工作，研究解决推进企业兼并重组工作中的重大问题，细化有关政策和配套措施，落实重点产业调整和振兴规划的相关要求，协调有关地区和企业做好组织实施。[①] 因此，制造企业应该明确核心竞争能力，将运输、储存、配送等非核心业务分离外包，与物流企业进行密切合作，这为物流业融入制造业产业链、加快与制造业的联动提供了新的发展机遇。

5.5.3 物流业服务水平提升将进一步推进两业联动

传统物流企业的一体化服务功能较差、难以满足制造企业的要求是两业联动发展的瓶颈问题之一。随着我国经济发展水平的提高，我国物流企业的服务水平也将随之提升，从而将进一步推进两业联动发展。现代物流企业所

---

① 刘伟华，葛美莹．制造业物流2010年回顾2011年展望［J］．物流技术与应用：货运车辆，2011（2）．

能提供的物流服务，已经突破传统意义上的运输、储存、装卸、搬运等常规服务，而由常规服务延伸而来的物流金融、物流地产等增值服务将有力提升物流企业的一体化服务能力，从而成为两业联动新的原动力。国外先进物流企业在此方面已经先行一步，例如，UPS、FedEx、DHL、TNT 等都在开展涵盖多种服务形式的物流一体化服务，包括物流金融、技术速递、保险速递等，并受到了工商企业的欢迎，获得了可观的效益。在竞争激烈的买方市场背景下，物流企业提升服务水平可以有效提升其对制造企业的吸引力，促进制造业与物流业更好地联动发展。

5.5.4 物流企业供应链战略联盟将逐渐增多

物流服务涉及运输、储存、装卸、搬运、流通加工、配送、信息处理、物流金融、物流地产等多个层面，物流运作具有复杂性、专业性，因此，某一个物流外包商往往难以满足物流服务综合化与全球化的发展需要，难以实现物流供应链网络整体价值最大化，难以提供低成本、高质量的物流服务。通过与具有互补性的其他物流企业结成战略结盟，可以使物流企业在未进行大规模资本投资的情况下，利用互补企业的物流与供应链资源，增加物流服务品种，扩大物流服务的地理覆盖范围，为客户提供集河运、海运、空运、公路运输、铁路运输于一体的服务，从而打造核心竞争能力，提升市场份额，从联盟活动中获益。① 因此，物流企业尤其是中小型物流企业倾向于与具有互补性的企业结成战略联盟，以供应链网络竞争的方式参与全球市场竞争。

5.5.5 信息技术的提升将进一步促进两业联动

目前，许多地区的物流信息平台建设正在加速进行，日趋完善的信息化平台将成为两业沟通的桥梁和纽带。在信息技术方面，如果实现了制造企业与物流企业之间信息交换的标准化，将会使得双方之间的合作更加简单、更加富有效率，从而有效降低制造业与物流业合作关系的形成阻力。作为信息技术的重要组成部分，2010 年物联网技术迅速升温，成为业界关注的焦点之一。物联网技术代表了信息技术未来的发展方向之一，被称为继电脑、互联网之后世界信息产业第三次浪潮，具有庞大的市场和产业空间。预计至 2015

① 李松庆．浅议物流企业的战略联盟．http：//www.ibdaily.com.cn；王茂林，刘秉镰．制造业与物流业联动发展中存在的问题与趋势［J］．现代管理科学，2009（3）．

年，中国物联网整体市场规模将达到7500亿元，五年内年均复合增长率将超过30%。① 该技术在制造领域的应用，已经为制造业的仓储管理、运输配送等多个环节解决了大量的管理和成本问题，使得“制造”与“物流”正在通过物联网加速融合。

5.5.6 政策环境的进一步改善将大力推动两业联动

两业联动已经逐步得到各级政府主管部门的重视，各主管部门、各地区政府陆续出台了一系列促进两业联动发展的政策措施，如给予财政奖励、进行税收减免等。我国政府相关部门正在进一步推进两业联动发展示范工程和重点项目，把推动两业联动发展作为促进我国产业升级的重要抓手之一，这为两业联动加快发展创造了十分有利的条件。政策环境的持续改善，将有力促进制造业与物流业加快融合、共同发展。

主要参考文献

[1] 杜漪，陈静波．物流外包的价值创造与发展趋势 [J]. 软科学，2007，21（3）.

[2] 薛景梅．我国家电制造企业物流模式选择 [J]. 企业活力，2007（3）.

[3] 南方物流企业集团有限公司．与时俱进 求是创新 开创中国物流新模式 [C]. 第二届全国制造业与物流业联动发展大会会议资料，2009.

[4] 国家发展和改革委员会经济运行局，南开大学现代物流研究中心．中国现代物流发展报告（2008年）[M]. 北京：电子工业出版社，2008.

[5] 国家发展和改革委员会经济运行局，全国现代物流部际联席会议办公室，南开大学现代物流研究中心．中国现代物流发展报告（2006年）[M]. 北京：机械工业出版社，2006.

[6] 国家发展和改革委员会经济运行局，南开大学现代物流研究中心．中国现代物流发展报告——全球化·整合·创新（2007年）[M]. 北京：机械工业出版社，2007.

[7] 王春艳．物流金融业务的发展为中国仓储业注入新活力——从中储“质押监管”创新模式得到的启示 [J]. 中国高新技术企业，2007（4）.

① 中国物流与采购网．国家将培育物联网领军企业 [EB/OL]. http：//www.chinawuliu.com.cn/cflp/newss/content/201011/647_124770.html.

[8] 刘伟，王薇．电商大佬 VS 房产巨头谁能成为中国物流地产的“普洛斯”？[J]．安家，2011（7）．

[9] 中国国际贸易促进委员会．《2013 年度中国企业对外投资情况及意向调查报告》．

[10] 中华人民共和国商务部，中华人民共和国国家统计局，国家外汇管理局．2012 年度中国对外投资统计公报 [M]．北京：中国统计出版社，2013.

[11] 侯红山，陶晗．灰色关联分析在农业生产中的应用——影响粮食生产的主要因素分析 [J]．西南农业大学学报：社会科学版，2012，10（4）．

[12] 中国交通报社．全球化思维 本土化做事——访中远集装箱运输有限公司董事总经理孙家康 [N]．中国交通报，2008 - 09 - 26.

[13] 王茂林，刘秉镰．制造业与物流业联动发展中存在的问题与趋势 [J]．现代管理科学，2009（3）．

[14] 张立玮．制造企业发展第三方物流的思路探讨 [J]．商业时代，2006，(29)．

[15] 刘伟华，葛美莹．制造业物流 2010 年回顾 2011 年展望 [J]．物流技术与应用：货运车辆，2011（2）．

[16] 李松庆．浅议物流企业的战略联盟 [EB/OL]. http：//www. ibdaily. com. cn.

[17] 王茂林，刘秉镰．制造业与物流业联动发展中存在的问题与趋势 [J]．现代管理科学，2009（3）．

[18] 中国物流与采购网．国家将培育物联网领军企业 [EB/OL]．http：//www. chinawuliu. com. cn/cflp/newss/content/201011/647_ 124770. html.

[19] 中国国际贸易促进委员会．《中国企业对外投资现状及意向调查报告（2008—2010)》．

[20] 商务部．《2009 年度中国对外投资统计公报》．

[21] 邢成，王茂林，周昕．我国物流业对制造业对外直接投资的促进与发展策略 [C]．中国世界经济学会第二届国际投资论坛论文集，2011.

[22] 邢成，王茂林．跨国综合物流企业对区域物流地产商的评价与选择 [C]．中国世界经济学会第三届国际投资论坛论文集，2012.

[23] 覃仁智，张红星．基于制造业与现代物流业联动发展的供应链管理研究 [J]．管理世界，2010（7）．

［24］黄有方，严伟．我国制造业与物流业联动发展的趋势及建议［J］．上海海事大学学报，2010（1）．

［25］陕西省发展和改革委员会．关于请协助做好制造业与物流业联动发展研究课题调研工作的通知［EB/OL］．http：//www.sndrc.gov.cn/showfile.jsp？ID＝14200.

［26］山东省经济和信息化委员会．关于山东省推动“两业”联动发展的有关情况［C］．第二届全国制造业与物流业联动发展大会会议资料，2009.

［27］中国物流与采购网．国家将培育物联网领军企业［EB/OL］．http：//www.chinawuliu.com.cn/cflp/newss/content/201011/647_124770.html.

［28］刘伟华，葛美莹．制造业物流2010年回顾2011年展望［J］．物流技术与应用：货运车辆，2011（2）．

［29］沈贞．影响制造企业物流外包决策的关键因素［J］．河北理工大学学报：社会科学版，2009（6）．

［30］王春艳．物流金融业务的发展为中国仓储业注入新活力——从中储“质押监管”创新模式得到的启示［J］．中国高新技术企业，2007（4）．

［31］罗文丽．“两业联动”的政策憧憬［J］．中国物流与采购，2010，（12）．

［32］贲立欣．沈阳市制造业与物流业联动发展合作模式分析［J］．中国集体经济，2012（3）．

6 案例研究：天津市制造业与物流业联动发展

2013年天津人均GDP突破10万元，居全国第一。无论是从产业结构演进一般规律，还是从可持续发展角度，下一阶段天津都必须尽快调整经济增长方式，加快产业结构升级。要坚持先进制造业与现代服务业并举的发展方针，一方面大力发展先进制造业，另一方面大力发展现代服务业，充分发挥现代服务业在支撑先进制造业发展、提升区域辐射能力以及扩大就业等方面的作用。近年来，随着“大飞机”、“大火箭”、“大造船”、“大乙烯”、“大炼油”等一批工业大项目的落成，天津制造业的发展取得了突出成绩，但服务业发展相对滞后，因此加速现代服务业发展，是天津市产业发展和结构调整所面临的极为迫切的任务。物流业是现代服务业中的主导产业。天津作为我国北方最大的港口城市，在现代物流业发展方面具有先天优势和良好基础，现代物流业既是天津服务业的主导产业，也是特色产业。因此，加快发展制造业与物流业联动发展有助于进一步推动天津产业结构优化升级。

天津市制造业与物流业联动发展，不仅要求发包方、承包方两者自身的努力，也要求相关政府部门、行业协会、金融业与电子信息业等相关行业的联动发展环境的改善。因此，本书从制造企业、物流企业和发展环境共三个层面提出了有关对策建议，供有关部门及企业决策参考。

6.1 天津市制造业发展总体状况

6.1.1 工业总产值

天津市是我国重要的现代制造业基地之一，近年来天津市着力打造国家级装备制造业基地，工业经济发展取得显著成绩。2012年，天津市实现工业总产值24194.13亿元，比2011年同比增长14.8%，2006—2012年同比增长率均值高达21.8%，如图6-1所示。

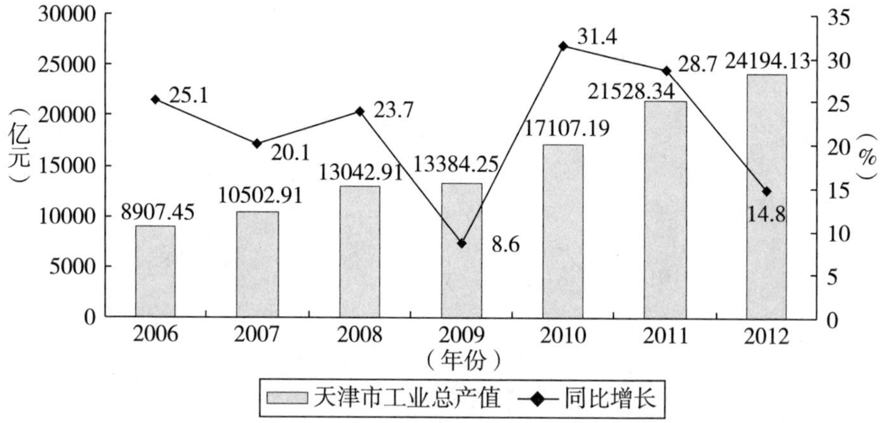

图 6－1　2006—2012 年天津市工业总产值及同比增长率

数据来源：根据《天津统计年鉴》（2013）相关数据整理。

6.1.2　天津市规模以上工业企业固定资产合计

2012 年，天津市规模以上工业企业固定资产合计高达 10828.11 亿元，比 2011 年增长 14.64%，增幅比 2011 年回落 11.78%，2006—2012 年年均增速高达 18.82%，如图 6－2 所示。

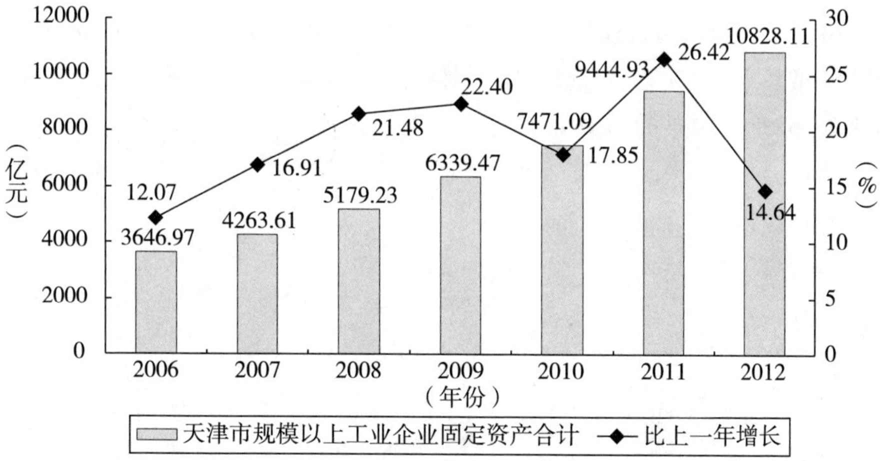

图 6－2　2006—2012 年天津市规模以上工业企业固定资产合计及其名义增长率

数据来源：根据《天津统计年鉴》（2013）相关数据整理。

6.1.3　天津市规模以上工业企业主营业务收入

2012 年，天津市规模以上工业企业主营业务收入高达 23645.72 亿元，比

2011 年增长 12.05%，增幅比 2011 年回落 9.80%，2006—2012 年年均增速高达 19.04%，如图 6－3 所示。

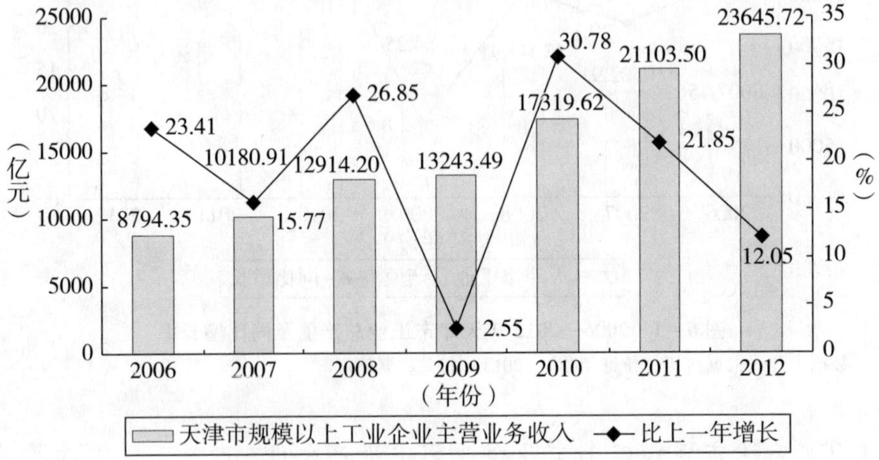

图 6－3　2006—2012 年天津市规模以上工业企业主营业务收入及其名义增长率

数据来源：根据《天津统计年鉴》（2013）相关数据整理。

6.1.4　天津市规模以上工业企业利税总额

2012 年，天津市规模以上工业企业利税总额收入高达 3315.93 亿元，比 2011 年增长 11.64%，增幅比 2011 年回落 11.47%，2006—2012 年年均增速高达 23.52%，如图 6－4 所示。

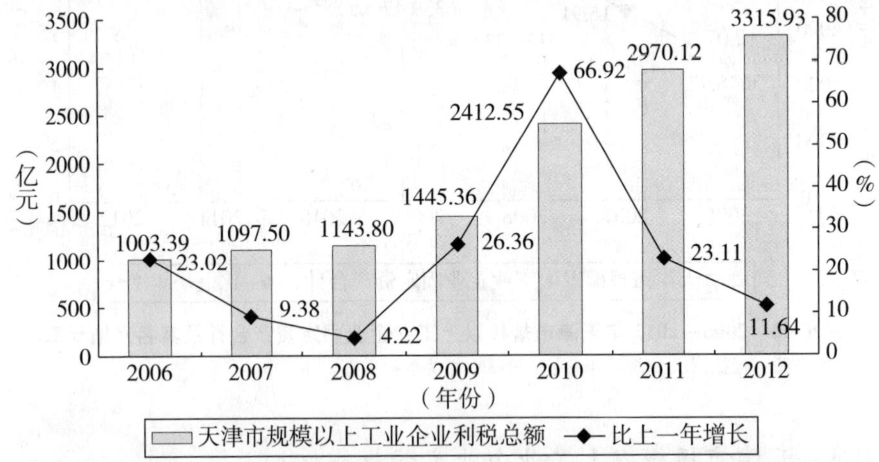

图 6－4　2006—2012 年天津市规模以上工业企业利税总额及其名义增长率

数据来源：根据《天津统计年鉴》（2013）相关数据整理。

6.2 天津市物流业发展总体状况

6.2.1 交通运输与仓储和邮电业增加值

2012 年，天津市交通运输、仓储和邮电业增加值达 721.04 亿元①，比 2011 年增长约 14.07%，增速比 2011 年提高约 6.09%。2011 年，天津市交通运输、仓储和邮电业增加值为 632.1 亿元，受物流需求增长放缓以及服务价格低迷等因素影响，2011 年增速为 7.98%，与 2010 年相比下降了 16.3%。2006—2012 年天津市交通运输、仓储和邮电业增加值与名义增长率如图 6－5 所示。

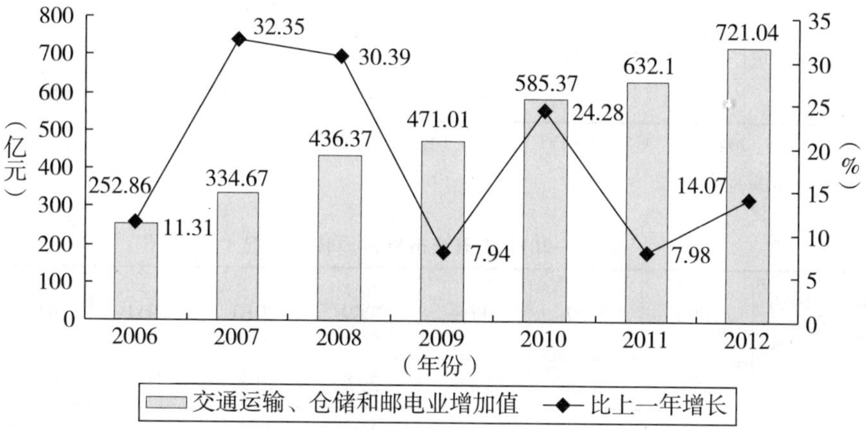

图 6－5 2006—2012 年天津市交通运输、仓储和邮电业增加值与名义增长率

数据来源：根据《天津统计年鉴》（2007—2012）、《2012 年天津市国民经济和社会发展统计公报》相关数据整理。

6.2.2 货运量与货运周转量

2012 年天津市货运业务平稳增长。全年货运量 47697.58 万吨，其中，公路 28228.00 万吨，增长 20.1%；铁路 7909.20 万吨，增长 8.6%；水运 10331.70 万吨。全年货物周转量 7634.94 亿吨·千米，其中，公路 329.29 亿

① 天津市统计局，国家统计局天津调查总队．2012 年天津市国民经济和社会发展统计公报［EB/OL］．http：//61.181.81.253/Article/tjgb/stjgb/201304/23191.html.

吨·千米，增长 23.5%；铁路 286.64 亿吨·千米，下降 3.2%；水运 7012.50 亿吨·千米。[①] 2011 年天津市货运量和货物周转量止跌回升，分别为 44651 万吨和 10121 亿吨·千米，同比增长 7.31% 和 2.66%，这在一定程度上反映出物流总体需求在实体经济好转的带动下逐渐企稳回升，2006—2012 年天津市货运量和货运周转量状况分别如表 6－1 和表 6－2 所示。

表 6－1　　2006—2012 年天津市货运量状况　　单位：万吨

指标＼年份	2006	2007	2008	2009	2010	2011	2012
铁路	8409	11288	12161	11284	7597	7286	7909.20
公路	20290	23500	27000	19800	20855	23426	28228.00
水运	13313	15671	15096	11656	11911	12711	10331.70
民航	2.4	2.9	3	4	4	5	—
管道输油气量	848	876	805	810	1243	1224	—
合计	42863	51338	55065	43554	41611	44651	47697.58

数据来源：根据《天津统计年鉴》（2007—2012）、《2012 年天津市国民经济和社会发展统计公报》相关数据整理。

表 6－2　　2006—2012 年天津市货运周转量状况　　单位：亿吨·千米

指标＼年份	2006	2007	2008	2009	2010	2011	2012
铁路	353	355	343	297	298	296	286.64
公路	76	88	103	206	231	267	329.29
水运	11751	14774	14029	9595	9324	9553	7012.50
民航	0.35	0.4	0.4	0.5	0.6	0.6	—
管道输油气量	3.8	4.4	4.0	3.8	4.9	5.3	—
合计	12184	15221	14479	10102	9859	10121	7634.94

数据来源：根据《天津统计年鉴》（2007—2012）、《2012 年天津市国民经济和社会发展统计公报》相关数据整理。

---

① 天津市统计局，国家统计局天津调查总队．2012 年天津市国民经济和社会发展统计公报［EB/OL］．http：//61.181.81.253/Article/tjgb/stjgb/201304/23191.html.

6.2.3 港口货物吞吐量

2012 年，全年港口货物吞吐量 4.77 亿吨，增长 5.21%。其中，进港 2.53 亿吨，增长 11.6%；出港 2.24 亿吨，下降 1.2%。集装箱吞吐量 1230.30 万标准箱，增长 6.2%。[①] 2011 年，天津市港口货物吞吐量高达 45338 万吨，同比增长 9.71%，与 2010 年增速相比上升了 1.28%，天津市中国北方国际航运中心和国际港口城市建设步伐正在加快，港口物流发展态势良好。2006—2012 年天津市港口货物吞吐量与名义增长率如图 6－6 所示。

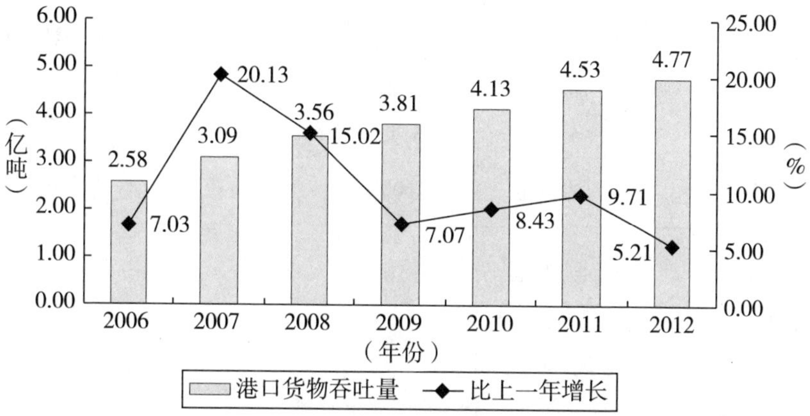

图 6－6　2006—2012 年天津市港口货物吞吐量与名义增长率

数据来源：根据《天津统计年鉴》（2007—2012）、《2012 年天津市国民经济和社会发展统计公报》相关数据整理。

6.2.4 滨海新区物流园区建设

天津滨海新区被国家定位为我国“北方国际航运中心和国际物流中心”，物流业发展迅速，现已聚集中远、中储、UPS、DHL、普洛斯等众多国内外大型物流企业，并已建成海港保税区、天津港集装箱物流中心、空港国际物流园区等十余个物流园区，占地超过 79 平方千米，具体如表 6－3 所示。

---

① 天津市统计局，国家统计局天津调查总队．2012 年天津市国民经济和社会发展统计公报[EB/OL]．http：//61.181.81.253/Article/tjgb/stjgb/201304/23191.html.

表6-3　天津滨海新区物流园区发展概况

园区名称	地理位置	规划占地面积	园区定位	
东疆保税港区	天津港东疆	10平方千米	口岸物流	综合物流园区
海港保税区	天津港北疆	7平方千米	口岸物流	综合物流园区
天津港集装箱物流中心	天津港北疆	7平方千米	口岸物流	仓储转运园区
天津港散货物流中心	天津港南疆	26.8平方千米	口岸物流	综合物流园区
空港国际物流园区	滨海机场货运区	0.95平方千米	口岸物流	仓储转运园区
滨海石化物流园区	南港工业区	一期5.26平方千米	制造业物流	加工转运园区
滨海新区综合物流园区	汉沽区杨家泊镇	总规划18.64平方千米	制造业物流	综合物流园区
滨海中储综合物流园区	塘沽农场	1600亩	制造业物流	综合物流园区
临港物流园区	临港工业区	4平方千米	制造业物流	加工转运园区
	临港产业区	20平方千米		
宝湾国际物流中心	塘沽海洋高新区	480亩	制造业物流	仓储转运基地
空港加工物流园区	空港加工区	2平方千米	制造业物流	加工转运园区
开发区保税物流中心	开发区西北侧	60万平方米	制造业物流	仓储转运基地
军粮城散货物流中心	东丽区无瑕街	6.29平方千米	制造业物流	综合物流园区

资料来源：杨钊，李晅煜，孙洋．天津滨海新区加快建设北方国际物流中心对策建议［J］．港口经济，2012（5）．

6.3 天津市制造业与物流业联动发展协调度分析①

6.3.1 天津市制造业与物流业联动发展协调度指标的选取

基于数据可得性、全面性、典型性等原则，本书选取了天津市制造业与物流业联动发展协调度各个指标。首先，制造业指标主要包括工业总产值（亿元，

① 王茂林，王冠辉，卢姗，等．天津市制造业与物流业联动发展协调度研究及对策建议［J］．经济师，2013（8）．

Y_1），规模以上工业企业固定资产合计（亿元，Y_2），规模以上工业企业主营业务收入（亿元，Y_3），规模以上工业企业利税总额（亿元，Y_4）。其次，物流业指标主要包括交通运输、仓储及邮电业增加值（亿元，X_1），货运量（万吨，X_2），货运周转量（亿吨·千米，X_3），港口货物吞吐量（万吨，X_4）。

2006—2012 年，天津市制造业与物流业联动发展主要影响因素指标数据具体如表 6－4 所示。

表 6－4　2006—2012 年天津市制造业与物流业联动发展主要影响因素指标数据

年份	2006	2007	2008	2009	2010	2011	2012
X_1	252.86	334.67	436.37	471.01	585.37	632.10	721.04
X_2	42863	51338	55065	43554	41611	44651	47698
X_3	12184	15221	14479	10102	9859	10121	7635
X_4	25760	30946	35593	38111	41325	45338	47697
Y_1	8907.45	10502.91	13042.91	13384.25	17107.19	21528.34	24194.13
Y_2	3646.97	4263.61	5179.23	6339.47	7471.09	9444.93	10828.11
Y_3	8794.35	10180.91	12914.20	13243.49	17319.62	21103.50	23645.72
Y_4	1003.39	1097.5	1143.8	1445.36	2412.55	2970.12	3315.93

数据来源：2007—2012 年天津市统计年鉴及天津市国民经济和社会发展统计公报；中国统计年鉴（2007—2008）；天津市第二次经济普查领导小组办公室，天津市统计局．天津市第二次经济普查主要数据公报（第一号）[EB/OL]．http://www.stats.gov.cn/was40/tj_deta_2.jsp?channelid=75074&record=50；天津统计年鉴（2006—2013）．

6.3.2　天津市制造业与物流业联动发展灰色相似关联度计算

灰色关联分析法可以分为传统的邓氏关联度分析法和绝对关联度分析法、相对关联度分析法、综合关联度分析法、相似关联度分析法等新算法。相似关联度分析法的计算结果仅与各序列曲线几何形状相似程度有关，而与空间相对位置无关，是一种较简便实用、科学合理的协调性分析方法。将表 6－4 中的原始数据整理为数量级大体相近的无量纲数据，代入灰色相似关联度计算公式：①

$$\varepsilon_{xy} = \frac{1}{1 + |s_x - s_y|} \tag{6-1}$$

① 刘思峰，党耀国，方志耕等．灰色系统理论及其应用［M］．5 版．北京：科学出版社，2010.

在该公式中，

$$s_z = \int_1^n (X_z - x_z(1))\,\mathrm{d}t \qquad (6-2)$$

灰色相似关联度计算结果如表6-5所示。

表6-5 天津市制造业发展指标与物流业发展指标灰色相似关联度均值及排序

序列	X_1	X_2	X_3	X_4	均值	排序
Y_1	0.8261	0.4086	0.3152	0.6831	0.5583	4
Y_2	0.7470	0.4312	0.3285	0.7486	0.5638	2
Y_3	0.8109	0.4125	0.3175	0.6938	0.5587	3
Y_4	0.6323	0.4817	0.3570	0.9150	0.5965	1
均值	0.7541	0.4335	0.3296	0.7601		
排序	2	3	4	1		

6.3.3 计算结果分析

从表6-5可以看出，对于制造业系统，物流业四个主要衡量指标与其关联度大小排序为$X_4 > X_1 > X_2 > X_3$，即制造业发展的主要胁迫因素来自港口货物吞吐量，交通运输、仓储及邮电业增加值，货运量，货运周转量等。对于物流业系统，制造业四个主要衡量指标与其关联度大小排序为$Y_4 > Y_2 > Y_3 > Y_1$，即物流业发展的主要胁迫因素来自规模以上工业企业利税总额、规模以上工业企业固定资产合计、规模以上工业企业主营业务收入、工业总产值等。

天津市是我国北方重要的制造业基地，其致力于建设中国北方国际物流中心，总体而言，当前天津市制造业与物流业联动发展处于较为协调、不甚协调的状态。由表6-5可知，港口物流对于天津市制造业的发展影响较大，天津市制造业与物流业应该加快融合渗透、联动发展，尤其是应该充分发挥港口物流对于天津市制造业发展的积极促进作用。

6.4 天津市制造业与物流业联动发展的主要现状特征

6.4.1 政府重视并推动制造业与物流业联动发展

2008 年，天津市出台了我国第一个地方性服务贸易发展规划——《天津市国际服务贸易发展规划（2008—2012）》。该规划指出天津市将重点发展国际物流、服务外包、商贸流通、国际旅游、国际会展、文化创意等服务贸易行业。此后，天津市交通委员会、天津市经济委员会、天津市交通与物流协会联合主办了制造业与物流业联动发展交流大会，天津市财政局在该次会议上下发了《天津市促进现代服务业发展财税优惠政策》配套文件，这为促进制造业物流业务外包提供了政策保障。

6.4.2 物流金融、物联网等新形式的延伸服务受到关注

随着全球市场竞争的日趋激烈，制造业与物流业联动发展已经成为许多制造企业提高核心竞争力的重要手段，供应链物流金融、物联网等新形式的制造业与物流业联动发展业务，已经成为业界关注的热点。中储、中海物流等众多物流企业纷纷开展仓单质押、订单融资等多种形式的物流金融增值服务，例如，天津市中海物流公司已经与多家银行及众多制造企业客户成功开展了金融监管、业务流程融资及监管等多种形式的延伸服务，并借助 RFID（射频识别）物联网技术进一步提升了制造业与物流业联动发展业务水平。

6.4.3 制造业与物流业联动发展合作模式基本形成

在全球供应链竞争环境下，许多制造企业已经摒弃“大而全”、“小而全”的传统纵向一体化观念，转而与专业化、社会化的第三方物流企业加强合作，常见的制造业与物流业联动发展合作模式已经基本形成：物流业务部分外包，物流业务整体外包，供应链整合一体化解决方案设计与实施，等等。

6.4.4 制造业与物流业联动发展的国际化水平将进一步提升

2013 年，天津市出台了《关于全面提高对外开放水平的决定（以下简称《决定》）》，《决定》提出，到 2017 年，天津进出口额突破 2000 亿美元，基本建成北方国际航运物流贸易中心的目标。今后五年，天津市对外开放工作

的奋斗目标为：到2017年，全市进出口额突破2000亿美元，五年累计实际使用外资800亿美元，吸引国内资金1.2万亿元，对外直接投资160亿美元；经过努力，基本建成北方国际航运中心、国际物流中心、国际贸易中心，明显提升城市的竞争力和国际影响力，有力支撑城市定位的实现。① 目前，已经有众多国内外物流巨头落户天津，包括中远物流、中海物流、普洛斯、马士基物流等。

6.4.5 制造企业更加重视供应链环境下的制造业与物流业联动发展

由于全球市场的迅猛发展和自然资源的日趋紧张，传统的生产与经营模式对市场剧变的响应愈发迟缓和被动，为了摆脱困境，供应链管理思想的应用愈发受到企业界的重视。制造企业对制造业与物流业联动发展的自觉性正在逐渐提高，对掌握核心竞争资源、提升核心竞争能力更加重视，全球供应链一体化竞争模式已经进入制造企业的视角。例如，中石油正致力于成为全球性集油气勘探、开发、生产、加工及销售一体化的现代生产商、供应商，并已成为供应链上的主导企业，参与到整个价值链的形成过程。中石油的物流服务商不仅提供运输、储存、装卸、搬运等基本服务，还提供订货管理、信息服务、物流供应链网络设计、供应链一体化解决方案等一系列增值服务，致力于中石油全球供应链互利共赢局面的形成。

6.5 天津市制造业与物流业联动发展中存在的主要问题

6.5.1 制造业与物流业联动发展的力度与广度尚待提高

与经济发达国家相比，天津市制造业与物流业联动发展比例总体偏低，制造业与物流业联动发展内容尚需拓展。落户中国的400多家世界500强企业有90%左右选择了物流业务外包。但是，据天津隆生物流总经理张磊统计，在国内，原材料领域由第三方物流运作的仅占18%左右，产成品领域仅有16%左右。此外，制造业与物流业联动发展的业务广度尚待提高，目前多局

① 中国网．天津将建北方国际航运物流贸易中心［EB/OL］．http：//finance.china.com.cn/roll/20130413/1384728.shtml.

限于运输、储存、装卸、搬运等基本环节，而根据国家标准物流术语，物流包括运输、储存、装卸、搬运、包装、流通加工、配送、信息处理等多种功能。

6.5.2 对制造业与物流业联动发展的作用尚待提高认识

受传统“大而全”、“小而全”的纵向一体化观念的影响，我国传统制造企业习惯于自营物流，没有认识到社会化、专业化的第三方物流公司在提高客户服务水平、缩短响应时间、降低成本等方面更加具有优势。

6.5.3 自营物流退出成本较高

全国第二次物流统计调查资料表明，我国内资企业的物流基础设施平均拥有量远大于外资企业。如果制造企业摒弃传统的自营物流方式，转而开展制造业与物流业联动发展业务，那么其自有的物流设施设备及大批物流从业人员如何安置，将是制造企业不得不面对的一个瓶颈问题。

6.5.4 物流业服务水平尚待提高

物流业是国民经济的重要新兴产业，但囿于人才、资金、技术、政策、经验等多方面因素，我国物流业起步较晚，物流业专业化服务水平尚待提高，目前尚难以为制造企业形成竞争优势提供足够的支撑。许多物流企业是由过去的运输企业、仓储企业更名而来，提供的业务范围多局限于运输、储存等基本环节，它们通常较少涉足信息处理、物流金融、全球配送等增值服务，能够提供全方位、高质量服务的物流企业并不多见。在全球供应链竞争环境下，制造企业往往需要能够有效参与自身供应链网络、提供高层次供应链一体化服务的物流供应商。例如，作为国际物流巨头之一的 UPS，曾成功并购了美国第一国际银行，并将其改造成 UPS 的金融部门，借此可以在美国和一些工商企业一对一结算，广受欢迎，UPS 正致力于打造“物流、资金流、信息流真正三流合一”的现代供应链综合服务商。

6.5.5 后期政策支持尚待完善

税收减免、企业评估、资金奖励等后期政策尚待完善。从 2013 年 8 月 1 日起，我国在全国范围内开展了包括物流行业的现代服务业“营改增”试点，并力争在“十二五”期间全面完成“营改增”改革。某物流公司财务人员表示，“营改增”之后，物流公司的税负可能会不降反升，因为一般来说，燃油费用、路桥费用占物流成本的比重较高，但在实际过程中，路桥费、人工费经常没有被纳入进项税额，燃油费常难以取得正式发票，这些都导致抵扣的金额比较低。[①] 制造业与物流业联动发展的政策平台建设尚有待完善。

6.5.6 天津空港物流发展尚待提速

天津市滨海新区被国家定位为我国“北方国际航运中心和国际物流中心”，“国际物流中心”的建成与发展，需要海运、陆运、空运多种运输方式的有效衔接，相对于海港建设，天津空港建设相对滞后。天津空港物流的健康快速发展，有助于“中国制造”的品牌迅速走向世界，将有力带动天津航空经济的腾飞，促进天津建成重要的国际物流中心。

6.6 促进天津市制造业与物流业联动发展的对策建议

制造业与物流业联动发展，不是指简单的、临时的事务性外包，而是要求两者相互协调、共同发展，如同齿轮啮合一样，共同前行。加强制造业与物流业融合渗透、联动发展，不仅需要制造业与物流业两者自身的努力，也需要包括相关政府部门、行业协会、金融业与电子信息业等相关行业的发展环境的互动与改善。因此，制造业与物流业联动发展对策体系应包括制造业、物流业和发展环境三个层面，且需要各层面协调配合，如图 6－7 所示。

6.6.1 制造业层面的对策建议

1. 制造企业应更新观念，借鉴外资企业成功经验

2012 年年末累计在天津投资的国家和地区已经达到 134 个，在天津投资的世界 500 强企业已经达到 152 家。天津市制造企业应该借鉴外资世界 500 强企业在物流外包、供应链运作等方面的先进做法和成功经验，不要局限于“大而全”、“小而全”的传统思维。

---

① 现代物流报．如何应对不减反增的物流业“营改增”？［N］．现代物流报，2013－8－27，(C02)．

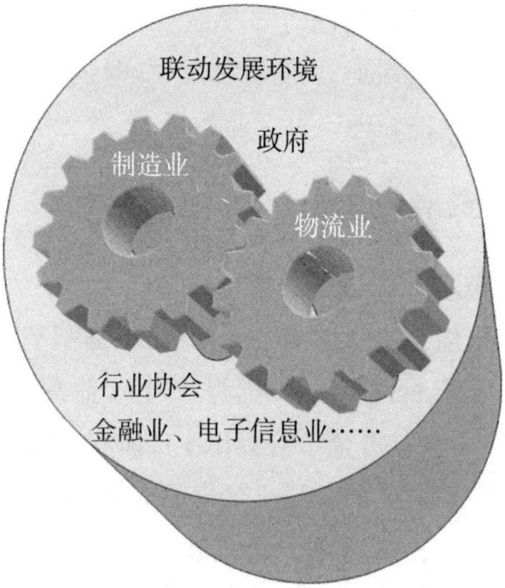

图 6－7　制造业与物流业联动发展对策体系模型

资料来源：王茂林，王冠辉，卢姗，等. 天津市制造业与物流业联动发展协调度研究及对策建议［J］. 经济师，2013（8）.

2. 制造企业应高度重视与物流企业建立供应链合作关系

著名英国供应链专家 Martin Christopher 教授曾经预言：21 世纪的竞争不是企业和企业之间的竞争，而是供应链和供应链之间的竞争。该预言已经成为现实。众多世界 500 强企业纷纷建立企业自身的供应链管理部门，并和上下游企业紧密结盟，共同进行供应链运作。

3. 制造企业应加强在制造业与物流业联动发展中的风险管理

制造业与物流业联动发展也存在着一定的风险，通过开展物流外包等形式的两业联动发展，制造企业得以专注于其核心业务的发展、核心竞争力的打造，但是，与此同时，也可能给制造企业带来商业秘密泄露、服务标准与水平下降等风险。制造企业应该对制造业与物流业联动发展过程中可能产生的各种风险因素进行识别、评价、预防与控制，通过合同细则的拟订、利益共享机制的建立等手段，来有效加强风险管理。

4. 制造企业应加强人力资源开发与管理

我国制造企业可以借鉴韩国政府和企业财阀主导的互动发展模式，其十分注重加快人力资源的开发，例如，韩国政府曾经制定了《国家技术资格法》、《技术劳务育成法》、《职业培训特别法》等一系列相关法规，并且做出强制规定，拥有 500 名以上员工的公司必须对它们的员工进行技能培训。此外，韩国政府还专门建立了韩国高等科学院，旨在培养和造就一批研究开发的先导型人才。同时，韩国政府还强调在大学本科和研究生培养阶段，强化电气与电子工程、化学工程等理工科专业教育。①

6.6.2 物流业层面的对策建议

1. 充分发挥天津市八大优势产业集群效应

2012 年全年天津市航空航天、石油化工、装备制造、电子信息、生物医药、新能源新材料、轻纺和国防八大优势产业工业总产值高达 21085.08 亿元，比 2011 年增长 14.8%，占全市规模以上工业的比重达 90.7%，国家级新型工业化示范基地现已达到 6 个，产业聚集效应进一步突出。② 天津市物流业应该围绕八大优势产业，科学规划，合理布局，努力提高自身水平，主动融入八大优势产业集群。

2. 物流业应通过兼并、联合等形式不断提高服务水平

中小物流企业可通过建立战略联盟等形式，扩大经营范围，产生规模效应，降低运作成本，提高服务水平。一些制造企业表示，未能实行制造业与物流业联动发展或者未能进行大范围的制造业与物流业联动发展，主要原因在于我国很多物流企业服务水平和国外差距较大。

3. 物流业应积极融入制造业供应链

美国物流巨头 UPS 积极拓展了物流金融、供应链结算等业务，从而成功融入工商企业的供应链运作，现在物流金融业务已成为该公司的重要利润源泉。天津市物流企业应该熟悉制造企业的供应链运作，为其量身打造一体化供应链解决方案，从而有效提高自身的竞争能力，赢得更多的制造业与物流业联动发展业务。

4. 加快物流人才的培养和引进

人力资源是物流产业发展的重要支撑。在推动现代物流业发展的进程之中，有关部门应将加快物流人才的培养和引进作为一项重点工作加以推动。可采取产学研结合、推广物流从业人员资格认证工作等方式，对物流

---

① 郭怀英．韩国生产性服务业促进制造业结构升级研究［J］．宏观经济研究，2008，(2)；王茂林，刘秉镰．制造业与物流业联动发展中新型合作关系构建研究［J］．江苏科技信息：学术版，2009 (2)．

② 天津市统计局，国家统计局天津调查总队．2012 年天津市国民经济和社会发展统计公报［EB/OL］．http：//61.181.81.253/Article/tjgb/stjgb/201304/23191.html.

从业人员进行知识普及与专业技能培训。此外，应鼓励和支持引进国内外物流专家，努力提高现有物流企业的经营管理水平，促进理念与技术的持续提升。

6.6.3 发展环境层面的对策建议

1. 加快与优化物流基础设施平台建设

物流主管部门应统筹规划、合理布局物流基础设施网络，形成以天津海港为核心，以空港、铁路与公路陆路网络、综合物流园区、专业物流中心为节点的多层级、一体化的物流基础设施网络，为现代物流业的发展创造良好的基础设施条件。当前的首要任务是科学规划和大力推进物流枢纽建设、优化物流园区空间布局，使其真正具备网络核心的功能、地位和容量，加快促进中国北方国际物流中心建设。

2. 搭建跨行业交流平台

随着物流金融、物联网等新交易方式及新技术的蓬勃兴起，有关政府部门和各行业协会组织，可采取召开制造业与物流业联动发展专题大会、组建跨行业协调机构、共同制定行为规范等方式，为制造业与物流业联动发展搭建跨行业的交流平台，促进制造业、物流业、金融业、电子信息业等多行业的共同发展、合作共赢。

3. 进一步推动物流信息平台建设及物流标准化建设

对于地区性、综合性的物流信息平台建设，单凭个别企业的一己之力，很难建成并高效运作，因而需要有关政府部门或者行业协会进行牵头、推动。同理，物流的标准化建设也尚待加强。例如，作为一体化运输方式载体的托盘运输，在许多制造企业、物流企业之间尚未实现标准化运作，尚需进行倒换托盘等重复性工作，而在美国、欧洲、韩国等国家和地区基本实现了物流工具的标准化运作，提高了效率，降低了成本。

4. 重点扶持物流业示范企业，推广成功经验

重点扶持基础较好的物流业龙头企业，在投融资、重点项目上马等方面给予其更多的关注，使这些物流企业成为整个行业的示范企业，将这些企业的成功经验与先进模式予以推广，促进整个行业水平的提升。

5. 进一步完善后期政策支持

在税收减免、企业评估、资金奖励等后期政策方面进一步加大支持力度，鼓励制造业进行制造业与物流业联动发展。例如，进一步完善“营改增”改革，政府有关部门可考虑出台财政补贴的过渡性政策，将物流业实行“营改增”改革的步伐放稳，把燃油费、路桥费等物流企业经营支出列入抵扣项目，促使抵扣项目涵盖范围更加合理①。

6. 进一步加强天津空港物流的规划与发展

进一步完善天津滨海国际机场与天津空港物流园区联运通道建设，进一步完善天津海港、空港与铁路及公路网络的联运机制，促进天津滨海国际机场与天津空港物流园区周边航空物流代理企业、国际货运代理企业的集聚，形成规模效应，以进一步扩大天津空港物流的规模，促进天津航空经济的腾飞。

7. 充分发挥行业协会的纽带与集聚作用

物流协会、货代协会等行业协会可以牵头制定行业制度、规范，可以促进物流业及货代业的集聚，产生规模效应，行业协会还可以对物流企业、货代企业进行资质认证、等级评价，促进物流企业、货代企业进一步提高自身水平和服务能力，行业协会可以作为制造企业与物流企业、货代企业之间的纽带，搭建相关行业之间沟通、交流的平台。

8. 调整优化物流园区建设发展布局

天津致力于建设中国北方国际航运中心和国际物流中心，应该加速推进口岸物流园区建设，以天津港、天津滨海国际机场等载体为抓手，大力推进口岸物流园区建设，促进具有保税港功能优势的重点物流园区的发展，提升龙头园区的物流服务功能。加快推进制造业物流园区建设，紧密围绕天津市和天津滨海新区及环渤海经济区制造业发展需要，重点建设与之配套的制造业物流园区。调整优化商贸物流基地布局，依照天津市“双城双港、相向发展”的发展战略布局，提升天津市和天津滨海新区的商贸物流集散中心的地位。② 依托天津城市总体规划，通盘考虑口岸物流园区、制造业物流园区、商贸物流园区等各类物流园区的发展布局。

---

① 现代物流报．如何应对不减反增的物流业“营改增”？［N］．现代物流报，2013－8－27（C02）．

② 杨钊，李晅煜，孙洋．天津滨海新区加快建设北方国际物流中心对策建议［J］．港口经济，2012（5）．

6.7 典型案例——“共同制造者”模式①

该模式为一种深层次的制造业与物流业联动发展模式，即物流企业主动融入制造业供应链，通过筹措成套零部件直接送达客户生产线等前置生产方式，以及通过实施流程整合参与客户产品制造等方式，以“共同制造者”的身份与制造企业进行深度合作。该模式的代表性物流企业为天津滨海泰达物流集团。

6.7.1 背景介绍

天津滨海泰达物流集团是国有控股的专业化大型物流企业，是在中国香港上市的国家5A级综合服务型物流企业，具有较强的国际竞争力。在与制造业合作方面，天津滨海泰达物流集团具有多年的实践经验，在电子产品物流、汽车物流等领域做到了行业领先，已经与日本阿尔卑斯电子有限公司、丰田汽车公司等知名大型国际制造企业建立了长期、深入、全面的合作关系。对电子产品而言，由于产品通常具有体积小、品种多、重量轻、价值高等特点，制造业与物流业联动发展服务就必须满足各个客户品种多、频率高的配送要求，并且在物流运输、储存、配送等环节的精确定位、低差错损失、准时化送达等尤为重要。对汽车生产这类制造业典型生产模式而言，“准时化”、“零库存”等生产组织理念对物流外包服务提出了极为严格的要求。

6.7.2 主要做法

A公司是天津滨海泰达物流集团下属的一家物流企业，A公司通过融入制造企业价值链，在众多竞争对手中脱颖而出，成为一家电子产品制造企业的主要物流供应商。

A公司曾经仅承担该电子产品制造企业的少部分存储业务，当时该制造企业的大部分物流业务是由其自身的物流子公司所承担的。在经过深入调研

---

① 丁俊发．中国物流年鉴（2011）［M］．北京：中国物资出版社，2011；李静宇．滨海泰达物流激流勇进 专访天津滨海泰达物流集团股份有限公司董事会主席、总裁张舰［J］．中国储运，2010（7）；天津滨海泰达物流集团．价值创造是两业联动的核心［C］．第二届全国制造业与物流业联动发展大会会议资料，2009.

与论证之后，A 公司为该电子产品制造企业量身定制了一整套的系统整合优化方案，包括引入 VMI（Vendor Managed I nventory，供应商管理库存）、线到线运输方式、集中式多工厂联合配送零部件筹措等先进管理与运作模式，通过该方案，A 公司帮助该电子产品制造企业依据“零库存”管理导向实现了虚拟化仓储管理，并且通过移动货架等技术手段，将零部件成套送至该制造企业生产线上。此外，A 公司按照中国外贸报关方式，成功开发了“报关手册管理系统”，取得了良好的运作效果。同时，A 公司还按照该电子产品制造企业的运输需求，对其产品包装重新进行设计、改进，提高了效率，降低了成本，从而不仅赢得了该部分物流业务，还协助该电子产品制造企业进行包装材料、原材料采购等。

基于以上做法，天津滨海泰达物流集团设计了一个收效良好的“共同制造者”模式，即通过物流、信息流、工作流等供应链层面各种“流”的整合，物流企业与制造企业高度融合、联动发展，基于最终客户的需求，物流企业与制造企业互相配合，共同进行产品的生产制造。例如，F 公司也是天津滨海泰达物流集团一家下属物流企业，F 公司的主要客户是一家著名外资汽车生产企业，F 公司有多达 2/3 的员工在该汽车生产企业的生产线上工作，基本参与了该汽车企业生产的全过程，涉及原材料及零部件的筹措、产前准备、干线运输及成套配送至生产线，并且按照程序将各种零部件分门别类地放到指定位置，由该汽车企业进行汽车组装、喷漆等作业，直至整车下线、车辆检查、指示配送、送至各地 4S 店，天津滨海泰达物流集团 F 公司都全程参与。

6.7.3 启示借鉴

从这个案例可以看到，天津滨海泰达物流集团已经参与了制造企业的生产过程，所以称这种角色是“共同制造者”的身份，这也在无形之中增强了物流企业和制造企业之间的融合度。同时还可以看到，制造企业内部流程再造，可以借助外部的专业物流公司得以实现，因此，这是一种供应链层次的制造业与物流业联动发展，已经突破了传统的、单一的、事务性物流外包的局限。

如 Martin Christopher 教授所言，21 世纪的竞争不是企业和企业之间的竞争，而是供应链和供应链之间的竞争。在日趋激烈的全球市场竞争环境下，制造企业的物流需求将会涉及供应链网络层面的多方位运作，其与物流业深入合作、联动发展的范围与力度必将迅速加大，制造企业与物流企业进行广泛合作已是势在必行。基于全球供应链竞争环境，物流企业和制造企业应通力合作，相互融合，共同发展，从而促进两者提高核心竞争能力，推动产业结构的调整和升级，实现“双赢”。

主要参考文献

[1] 国家发展改革委，国家统计局，中国物流与采购联合会．全国物流运行情况通报［EB/OL］．2006—2012.

[2] 天津市统计局，国家统计局天津调查总队．天津统计年鉴［M］．北京：中国统计出版社，2006—2013.

[3] 天津市统计局，国家统计局天津调查总队．2006—2013 年天津市国民经济和社会发展统计公报.

[4] 杨钊，李晅煜，孙洋．天津滨海新区加快建设北方国际物流中心对策建议［J］．港口经济，2012（5）.

[5] 王茂林，王冠辉，卢姗，等．天津市制造业与物流业联动发展协调度研究及对策建议［J］．经济师，2013（8）.

[6] 中国统计年鉴（2007—2008）.

[7] 天津市第二次经济普查领导小组办公室，天津市统计局．天津市第二次经济普查主要数据公报（第一号）［EB/OL］．http：//www. stats. gov. cn/was40/tj_ deta_ 2. jsp？ channelid = 75074&record = 50.

[8] 刘思峰，党耀国，方志耕，等．灰色系统理论及其应用［M］．5 版．北京：科学出版社，2010.

[9] 中国网．天津将建北方国际航运物流贸易中心［EB/OL］．http：//finance. china. com. cn/roll/20130413/1384728. shtml.

[10] 现代物流报．如何应对不减反增的物流业“营改增”？［N］．现代物流报，2013 - 8 - 27（C02）.

[11] 郭怀英．韩国生产性服务业促进制造业结构升级研究［J］．宏观经济研究，2008（2）.

[12] 王茂林，刘秉镰．制造业与物流业联动发展中新型合作关系构建研究［J］．江苏科技信息：学术版，2009（2）.

[13] 丁俊发．中国物流年鉴（2011）［M］．北京：中国物资出版社，2011.

[14] 李静宇．滨海泰达物流激流勇进 专访天津滨海泰达物流集团股份

有限公司董事会主席、总裁张舰［J］. 中国储运，2010（7）.

［15］天津滨海泰达物流集团. 价值创造是两业联动的核心［C］. 第二届全国制造业与物流业联动发展大会会议资料，2009.

［16］冯欣楠. 世界500强九成选择物流外包［N］. 长江日报，2012－11－29（021）.

［17］国家发展和改革委员会经济运行局，南开大学现代物流研究中心. 中国现代物流发展报告（2008年）［M］. 北京：电子工业出版社，2008.

［18］国家发展和改革委员会经济运行调节局，南开大学现代物流研究中心. 中国现代物流发展报告（2012）［M］. 北京：中国物资出版社，2012.

［19］国家统计局. 中国统计年鉴［M］. 北京：中国统计出版社，2008—2013.

7 总结与展望

本章主要是对本书取得的主要研究成果进行总结，在此基础上，进行研究展望。

7.1 主要研究成果总结

7.1.1 基于指数标度加权改进欧氏范数法的物流供应商筛选

尽管制造业剥离物流业务、释放物流需求、通过物流外包等方式与物流业联动发展是大势所趋，但这对于制造企业来说既可能降低企业运作成本、提高客户满意度，也可能因为没有控制好合作风险而遭受损失。制造企业往往处于供应链中核心企业的位置，一般具有制造流程复杂、原材料或半成品依赖上游企业准时供货等特点，零库存、延迟制造、快速响应、精益生产、准时化配送等先进技术或管理手段的逐渐推广，更是对供应链环境下的物流供应商提出了更加严格的要求，为了在激烈的全球市场竞争中求得生存和发展，对物流供应商的评价与选择就成为了一个关键问题。传统的物流供应商欧式范数选择与评价方法在初始权重向量的确定上，一般采用概念经验法或者采用传统的层次分析法，其中，概念经验法的个人主观性过强，可靠性较差，往往失之偏颇；传统的层次分析法对于权重的确定过于刚性，毕竟难以用1~9标度对复杂的客观事物进行精确描述，且易于出现判断矩阵的不一致性。鉴于指数标度法具有可提高判断准确度、使判断矩阵具有高度一致性等优点，因此本研究在传统欧式范数法的基础上，引入指数标度法，结合模糊层次分析法、赋权公式法进行改进，希望能为物流供应商评价与选择提供一种更为合理的方法。

7.1.2 基于协同收益及协同成本的多任务多物流供应商激励

在全球供应链竞争环境下，第三方物流供应商往往直接面对着供应链中的“上帝”——终端客户，在制造企业和终端客户之间起着桥梁和纽带的重要作用。如何切实提高终端客户的满意度，进而提高终端客户对制造企业产品的忠诚度，将从根本上决定制造企业自身以及供应链网络的整体绩效。若想制造业与物流业实现有效的融合渗透、联动发展，需要在合作伙伴之间建立有效的合作机制，需要对物流供应商实施有效的激励。但是，目前对于单任务（往往仅关注于成本或利润）、单物流供应商激励合同的研究较多，而对于准时化供应链环境下多任务多物流供应商激励合同的研究较少，有鉴于此，本研究基于多任务委托—代理模型，考虑协同收益及协同成本，构建多任务多物流供应商最佳努力水平激励模型，以期促进制造业与物流业的互利、共赢。

7.1.3 制造业与物流业联动发展的主要模式与趋势研究

为了促使制造业与物流业联动发展从理论走向实践，对有关部门或企业提供实践方面的指导，本研究对制造业与物流业联动发展的主要模式与趋势展开了较为系统的研究。首先，对制造业与物流业联动发展的主要类型、主要做法分别进行了梳理，认为制造业与物流业联动发展的主要类型可分为交易型（事务型）、合同型（战术型）、战略联盟型（战略型）三种，具体的联动做法包括制造企业剥离物流业务组建物流子公司、制造企业物流业务部分外包、物流企业为制造企业打造“专业物流与供应链整体解决方案”等。其次，以物流金融、物流地产为例，探讨了制造业与物流业联动发展中的创新探索及实际，其后，对我国制造业与物流业联动发展中的“走出去”战略进行了分析，在此基础上，对制造业与物流业联动发展的主要趋势进行了预测，希望能对促进制造业与物流业融合渗透、联动发展有所裨益。

7.2 研究展望

7.2.1 制造业与物流业联动发展行业数据分析方面尚待完善

例如，因研究数据的可得性限制，且制造业增加值占工业增加值的大概90%强[①]，故本研究以工业增加值代替制造业增加值，作为研究近年来我国制造业经济发展总量的一个重要指标。

① 王珍珍．我国制造业与物流业联动发展的时空分异探析——基于灰色关联模型的实证研究［J］．福建师范大学学报（哲学社会科学版），2012（3）．

7.2.2 制造业与物流业联动发展协调度分析方法方面有待改进

协调度分析方法主要包括熵值法、模糊判决矩阵法、3E（能源、经济、环境）协调度法、灰色关联分析法等，灰色关联分析法适用于小样本、贫数据环境下的协调性分析。为充分发挥有关研究方法的优越性，下一步研究拟针对有关研究方法的具体适用条件，对有关研究方法进行一定的耦合研究，以期进一步提高研究方法的优越性。

7.2.3 制造业与物流业联动发展面临主要问题的研究尚待系统化

制造业与物流业在联动发展中，已经暴露出部分企业物流服务水平以及对终端客户影响力有所下降等一系列弊端，下一步研究拟进一步扩大实地调研的广度与深度，借鉴哈佛商学院案例学派、经验主义学派有关案例研究方法，进一步深入研究制造业与物流业联动发展中存在的主要问题及对策与趋势，希望能为相关企业和部门提供更多的参考与借鉴。

附 录 我国制造业与物流业联动发展灰色综合关联度计算过程

在本书的研究中，依次计算了序列 Y_i 与序列 X_j 的灰色综合关联度，其中，$i=1$，2，…，9；$j=1$，2，…，30，因为各序列间的计算过程类似，在此仅列出序列 Y_1 与序列 X_1 至 X_{30} 的灰色综合关联度计算过程，其余计算过程在此不做一一赘述。

一、序列 Y_1 与序列 X_1 的灰色综合关联度计算过程

待计算的以下两个序列将被整理为等时距序列（1 时距序列）。

序列 1：91310.936291，110534.87646，130260.24，135239.94985，160722.2317，188470.1531，199670.65959

序列 2：59.6，75.2283，89.9，96.65，125.4，158.4，177.3

（一）计算灰色绝对关联度

1. 计算两序列的始点零化像

序列 1：0.0000，19223.9402，38949.3037，43929.0136，69411.2954，97159.2168，108359.7233

序列 2：0.0000，15.6283，30.3000，37.0500，65.8000，98.8000，117.7000

2. 计算 $|s_0|$、$|s_1|$ 及 $|s_1-s_0|$

$|s_0|=322852.63135$；$|s_1|=306.4283$；$|s_1-s_0|=322546.20305$

序列 Y_1 和序列 X_1 的灰色绝对关联度 =0.5005。

（二）计算灰色相对关联度

1. 计算两序列的初值像

序列 1：1.0000，1.2105，1.4266，1.4811，1.7602，2.0640，2.1867

序列2：1.0000，1.2622，1.5084，1.6216，2.1040，2.6577，2.9748

2. 两序列的始点零化像

序列1：0.0000，0.2105，0.4266，0.4811，0.7602，1.0640，1.1867

序列2：0.0000，0.2622，0.5084，0.6216，1.1040，1.6577，1.9748

3. 计算 $|s_0|$、$|s_1|$ 及 $|s_1-s_0|$

$|s_0|=3.53575$；$|s_1|=5.1413$；$|s_1-s_0|=1.60555$

序列 Y_1 和序列 X_1 的灰色相对关联度 =0.8577。

（三）计算灰色综合关联度

综合考虑各序列数据绝对量的大小和变化速率的快慢，θ 取 0.5。将以上计算所得的灰色绝对关联度 ε_{ij} 值和灰色相对关联度 r_{ij} 值代入灰色综合关联度计算公式：

$$\rho_{ij}=\theta\varepsilon_{ij}+(1-\theta)r_{ij}$$

由此，可以得到序列 Y_1 和序列 X_1 的灰色综合关联度 =0.6791。

因此，对于序列 Y_1 和序列 X_1：

灰色绝对关联度：0.5005；灰色相对关联度：0.8577；灰色综合关联度：0.6791。

二、序列 Y_1 与序列 X_2 的灰色综合关联度计算过程

待计算的以下两个序列将被整理为等时距序列（1 时距序列）。

序列1：91310.936291，110534.87646，130260.24，135239.94985，160722.2317，188470.1531，199670.65959

序列2：3.8414，4.5406，5.4542，6.08，7.1，8.4，9.4

（一）计算灰色绝对关联度

1. 计算两序列的始点零化像

序列1：0.0000，19223.9402，38949.3037，43929.0136，69411.2954，97159.2168，108359.7233

序列2：0.0000，0.6992，1.6128，2.2386，3.2586，4.5586，5.5586

2. 计算 $|s_0|$、$|s_1|$ 及 $|s_1-s_0|$

$|s_0|=322852.63135$；$|s_1|=15.1471$；$|s_1-s_0|=322837.48425$

序列 Y_1 和序列 X_2 的灰色绝对关联度 =0. 5000。

(二) 计算灰色相对关联度

1. 计算两序列的初值像

序列 1：1. 0000，1. 2105，1. 4266，1. 4811，1. 7602，2. 0640，2. 1867

序列 2：1. 0000，1. 1820，1. 4198，1. 5828，1. 8483，2. 1867，2. 4470

2. 两序列的始点零化像

序列 1：0. 0000，0. 2105，0. 4266，0. 4811，0. 7602，1. 0640，1. 1867

序列 2：0. 0000，0. 1820，0. 4198，0. 5828，0. 8483，1. 1867，1. 4470

3. 计算 $|s_0|$、$|s_1|$ 及 $|s_1-s_0|$

$|s_0|=3.53575$；$|s_1|=3.9431$；$|s_1-s_0|=0.40735$

序列 Y_1 和序列 X_2 的灰色相对关联度 =0. 9542。

(三) 计算灰色综合关联度

综合考虑各序列数据绝对量的大小和变化速率的快慢，θ 取 0. 5。将以上计算所得的灰色绝对关联度 ε_{ij} 值和灰色相对关联度 r_{ij} 值，代入灰色综合关联度计算公式：

$$\rho_{ij}=\theta\varepsilon_{ij}+(1-\theta)r_{ij}$$

由此，可以得到序列 Y_1 和序列 X_2 的灰色综合关联度 =0. 7271。

因此，序列 Y_1 和序列 X_2：

灰色绝对关联度：0. 5000；灰色相对关联度：0. 9542；灰色综合关联度：0. 7271。

三、序列 Y_1 与序列 X_3 的灰色综合关联度计算过程

待计算的以下两个序列将被整理为等时距序列（1 时距序列）。

序列 1：91310. 936291，110534. 87646，130260. 24，135239. 94985，160722. 2317，188470. 1531，199670. 65959

序列 2：1. 412，1. 6981，1. 9965，2. 31，2. 7，3. 2，3. 5

（一）计算灰色绝对关联度

1. 计算两序列的始点零化像

序列1：0.0000，19223.9402，38949.3037，43929.0136，69411.2954，97159.2168，108359.7233

序列2：0.0000，0.2861，0.5845，0.8980，1.2880，1.7880，2.0880

2. 计算 $|s_0|$、$|s_1|$ 及 $|s_1 - s_0|$

$|s_0| = 322852.63135$；$|s_1| = 5.8886$；$|s_1 - s_0| = 322846.74275$

序列 Y_1 和序列 X_3 的灰色绝对关联度 =0.5000。

（二）计算灰色相对关联度

1. 计算两序列的初值像

序列1：1.0000，1.2105，1.4266，1.4811，1.7602，2.0640，2.1867

序列2：1.0000，1.2026，1.4140，1.6360，1.9122，2.2663，2.4788

2. 两序列的始点零化像

序列1：0.0000，0.2105，0.4266，0.4811，0.7602，1.0640，1.1867

序列2：0.0000，0.2026，0.4140，0.6360，0.9122，1.2663，1.4788

3. 计算 $|s_0|$、$|s_1|$ 及 $|s_1 - s_0|$

$|s_0| = 3.53575$；$|s_1| = 4.1705$；$|s_1 - s_0| = 0.634749999999999$

序列 Y_1 和序列 X_3 的灰色相对关联度 =0.9320。

（三）计算灰色综合关联度

综合考虑各序列数据绝对量的大小和变化速率的快慢，θ 取0.5。将以上计算所得的灰色绝对关联度 ε_{ij} 值和灰色相对关联度 r_{ij} 值，代入灰色综合关联度计算公式：

$$\rho_{ij} = \theta\varepsilon_{ij} + (1 - \theta)r_{ij}$$

由此，可以得到序列 Y_1 和序列 X_3 的灰色综合关联度 =0.7160。

因此，序列 Y_1 和序列 X_3：

灰色绝对关联度：0.5000；灰色相对关联度：0.9320；灰色综合关联度：0.7160。

四、序列 Y_1 与序列 X_4 的灰色综合关联度计算过程

待计算的以下两个序列将被整理为等时距序列（1 时距序列）。

序列 1：91310.936291，110534.87646，130260.24，135239.94985，160722.2317，188470.1531，199670.65959

序列 2：104635，117228，157589，175914，195829，219630，249832

（一）计算灰色绝对关联度

1. 计算两序列的始点零化像

序列 1：0.0000，19223.9402，38949.3037，43929.0136，69411.2954，97159.2168，108359.7233

序列 2：0.0000，12593.0000，52954.0000，71279.0000，91194.0000，114995.0000，145197.0000

2. 计算 $|s_0|$、$|s_1|$ 及 $|s_1-s_0|$

$|s_0|=322852.63135$；$|s_1|=415613.5$；$|s_1-s_0|=92760.86865$

序列 Y_1 和序列 X_4 的灰色绝对关联度 =0.8884。

（二）计算灰色相对关联度

1. 计算两序列的初值像

序列 1：1.0000，1.2105，1.4266，1.4811，1.7602，2.0640，2.1867

序列 2：1.0000，1.1204，1.5061，1.6812，1.8715，2.0990，2.3877

2. 两序列的始点零化像

序列 1：0.0000，0.2105，0.4266，0.4811，0.7602，1.0640，1.1867

序列 2：0.0000，0.1204，0.5061，0.6812，0.8715，1.0990，1.3877

3. 计算 $|s_0|$、$|s_1|$ 及 $|s_1-s_0|$

$|s_0|=3.53575$；$|s_1|=3.97205$；$|s_1-s_0|=0.4363$

序列 Y_1 和序列 X_4 的灰色相对关联度 =0.9512。

（三）计算灰色综合关联度

综合考虑各序列数据绝对量的大小和变化速率的快慢，θ 取 0.5。将以上

计算所得的灰色绝对关联度 ε_{ij} 值和灰色相对关联度 r_{ij} 值，代入灰色综合关联度计算公式：

$$\rho_{ij} = \theta\varepsilon_{ij} + (1 - \theta)r_{ij}$$

由此，可以得到序列 Y_1 和序列 X_4 的灰色综合关联度 =0.9198。

因此，序列 Y_1 和序列 X_4：

灰色绝对关联度：0.8884；灰色相对关联度：0.9512；灰色综合关联度：0.9198。

五、序列 Y_1 与序列 X_5 的灰色综合关联度计算过程

待计算的以下两个序列将被整理为等时距序列（1 时距序列）。

序列 1：91310.936291，110534.87646，130260.24，135239.94985，160722.2317，188470.1531，199670.65959

序列 2：12138.1244，14154.0057，17024.3607，24974.6702，30074.4793，28291.6646，31444.9036

（一）计算灰色绝对关联度

1. 计算两序列的始点零化像

序列 1：0.0000，19223.9402，38949.3037，43929.0136，69411.2954，97159.2168，108359.7233

序列 2：0.0000，2015.8813，4886.2363，12836.5458，17936.3549，16153.5402，19306.7792

2. 计算 $|s_0|$、$|s_1|$ 及 $|s_1 - s_0|$

$|s_0|$ =322852.63135；$|s_1|$ =63481.9481；$|s_1 - s_0|$ =259370.68325

序列 Y_1 和序列 X_5 的灰色绝对关联度 =0.5983。

（二）计算灰色相对关联度

1. 计算两序列的初值像

序列 1：1.0000，1.2105，1.4266，1.4811，1.7602，2.0640，2.1867

序列 2：1.0000，1.1661，1.4026，2.0575，2.4777，2.3308，2.5906

2. 两序列的始点零化像

序列 1：0.0000，0.2105，0.4266，0.4811，0.7602，1.0640，1.1867

序列 2：0.0000，0.1661，0.4026，1.0575，1.4777，1.3308，1.5906

3. 计算 $|s_0|$ 、$|s_1|$ 及 $|s_1 - s_0|$

$|s_0| = 3.53575$；$|s_1| = 5.23$；$|s_1 - s_0| = 1.69425$

序列 Y_1 和序列 X_5 的灰色相对关联度 = 0.8522。

（三）计算灰色综合关联度

综合考虑各序列数据绝对量的大小和变化速率的快慢，θ 取 0.5。将以上计算所得的灰色绝对关联度 ε_{ij} 值和灰色相对关联度 r_{ij} 值，代入灰色综合关联度计算公式：

$$\rho_{ij} = \theta\varepsilon_{ij} + (1 - \theta) r_{ij}$$

由此，可以得到序列 Y_1 和序列 X_5 的灰色综合关联度 = 0.7252。

因此，序列 Y_1 和序列 X_5：

灰色绝对关联度：0.5983；灰色相对关联度：0.8522；灰色综合关联度：0.7252。

六、序列 Y_1 与序列 X_6 的灰色综合关联度计算过程

待计算的以下两个序列将被整理为等时距序列（1 时距序列）。

序列 1：91310.936291，110534.87646，130260.24，135239.94985，160722.2317，188470.1531，199670.65959

序列 2：612.7345，623.0512，627.2575，634.3697，631.1113，662.7893，667.5203

（一）计算灰色绝对关联度

1. 计算两序列的始点零化像

序列 1：0.0000，19223.9402，38949.3037，43929.0136，69411.2954，97159.2168，108359.7233

序列 2：0.0000，10.3167，14.5230，21.6352，18.3768，50.0548，54.7858

2. 计算 $|s_0|$ 、$|s_1|$ 及 $|s_1 - s_0|$

$|s_0| = 322852.63135$；$|s_1| = 142.2994$；$|s_1 - s_0| = 322710.33195$

序列 Y_1 和序列 X_6 的灰色绝对关联度 =0.5002。

（二）计算灰色相对关联度

1. 计算两序列的初值像

序列 1：1.0000，1.2105，1.4266，1.4811，1.7602，2.0640，2.1867

序列 2：1.0000，1.0168，1.0237，1.0353，1.0300，1.0817，1.0894

2. 两序列的始点零化像

序列 1：0.0000，0.2105，0.4266，0.4811，0.7602，1.0640，1.1867

序列 2：0.0000，0.0168，0.0237，0.0353，0.0300，0.0817，0.0894

3. 计算 $|s_0|$ 、$|s_1|$ 及 $|s_1-s_0|$

$|s_0|=3.53575$；$|s_1|=0.2322$；$|s_1-s_0|=3.30355$

序列 Y_1 和序列 X_6 的灰色相对关联度 =0.5907。

（三）计算灰色综合关联度

综合考虑各序列数据绝对量的大小和变化速率的快慢，θ 取 0.5。将以上计算所得的灰色绝对关联度 ε_{ij} 值和灰色相对关联度 r_{ij} 值，代入灰色综合关联度计算公式：

$$\rho_{ij} = \theta\varepsilon_{ij} + (1-\theta)r_{ij}$$

由此，可以得到序列 Y_1 和序列 X_6 的灰色综合关联度 =0.5455。

因此，序列 Y_1 和序列 X_6：

灰色绝对关联度：0.5002；灰色相对关联度：0.5907；灰色综合关联度：0.5455。

七、序列 Y_1 与序列 X_7 的灰色综合关联度计算过程

待计算的以下两个序列将被整理为等时距序列（1 时距序列）。

序列 1：91310.936291，110534.87646，130260.24，135239.94985，160722.2317，188470.1531，199670.65959

序列 2：7.71，7.8，7.97，8.5517886，9.1178479，9.3249643，9.7625484

（一）计算灰色绝对关联度

1. 计算两序列的始点零化像

序列 1：0.0000，19223.9402，38949.3037，43929.0136，69411.2954，97159.2168，108359.7233

序列 2：0.0000，0.0900，0.2600，0.8418，1.4078，1.6150，2.0525

2. 计算 $|s_0|$、$|s_1|$ 及 $|s_1 - s_0|$

$|s_0| = 322852.63135$；$|s_1| = 5.24085$；$|s_1 - s_0| = 322847.3905$

序列 Y_1 和序列 X_7 的灰色绝对关联度 $= 0.5000$。

（二）计算灰色相对关联度

1. 计算两序列的初值像

序列 1：1.0000，1.2105，1.4266，1.4811，1.7602，2.0640，2.1867

序列 2：1.0000，1.0117，1.0337，1.1092，1.1826，1.2095，1.2662

2. 两序列的始点零化像

序列 1：0.0000，0.2105，0.4266，0.4811，0.7602，1.0640，1.1867

序列 2：0.0000，0.0117，0.0337，0.1092，0.1826，0.2095，0.2662

3. 计算 $|s_0|$、$|s_1|$ 及 $|s_1 - s_0|$

$|s_0| = 3.53575$；$|s_1| = 0.6798$；$|s_1 - s_0| = 2.85595$

序列 Y_1 和序列 X_7 的灰色相对关联度 $= 0.6462$。

（三）计算灰色综合关联度

综合考虑各序列数据绝对量的大小和变化速率的快慢，θ 取 0.5。将以上计算所得的灰色绝对关联度 ε_{ij} 值和灰色相对关联度 r_{ij} 值，代入灰色综合关联度计算公式：

$$\rho_{ij} = \theta\varepsilon_{ij} + (1 - \theta)r_{ij}$$

由此，可以得到序列 Y_1 和序列 X_7 的灰色综合关联度 $= 0.5731$。

因此，序列 Y_1 和序列 X_7：

灰色绝对关联度：0.5000；灰色相对关联度：0.6462；灰色综合关联度：0.5731。

八、序列 Y_1 与序列 X_8 的灰色综合关联度计算过程

待计算的以下两个序列将被整理为等时距序列（1 时距序列）。

序列 1：91310.936291，110534.87646，130260.24，135239.94985，160722.2317，188470.1531，199670.65959

序列 2：7.70838，7.7965903，7.9687282，8.5517886，9.1178479，9.3249643，9.7625484

（一）计算灰色绝对关联度

1. 计算两序列的始点零化像

序列 1：0.0000，19223.9402，38949.3037，43929.0136，69411.2954，97159.2168，108359.7233

序列 2：0.0000，0.0882，0.2603，0.8434，1.4095，1.6166，2.0542

2. 计算 $|s_0|$、$|s_1|$ 及 $|s_1-s_0|$

$|s_0|=322852.63135$；$|s_1|=5.2451$；$|s_1-s_0|=322847.38625$

序列 Y_1 和序列 X_8 的灰色绝对关联度 =0.5000。

（二）计算灰色相对关联度

1. 计算两序列的初值像

序列 1：1.0000，1.2105，1.4266，1.4811，1.7602，2.0640，2.1867

序列 2：1.0000，1.0114，1.0338，1.1094，1.1828，1.2097，1.2665

2. 两序列的始点零化像

序列 1：0.0000，0.2105，0.4266，0.4811，0.7602，1.0640，1.1867

序列 2：0.0000，0.0114，0.0338，0.1094，0.1828，0.2097，0.2665

3. 计算 $|s_0|$、$|s_1|$ 及 $|s_1-s_0|$

$|s_0|=3.53575$；$|s_1|=0.68035$；$|s_1-s_0|=2.8554$

序列 Y_1 和序列 X_8 的灰色相对关联度 =0.6462。

（三）计算灰色综合关联度

综合考虑各序列数据绝对量的大小和变化速率的快慢，θ 取 0.5。将以上

计算所得的灰色绝对关联度 ε_{ij} 值和灰色相对关联度 r_{ij} 值，代入灰色综合关联度计算公式：

$$\rho_{ij} = \theta\varepsilon_{ij} + (1 - \theta)r_{ij}$$

由此，可以得到序列 Y_1 和序列 X_8 的灰色综合关联度 =0.5731。

因此，序列 Y_1 和序列 X_8：

灰色绝对关联度：0.5000；灰色相对关联度：0.6462；灰色综合关联度：0.5731。

九、序列 Y_1 与序列 X_9 的灰色综合关联度计算过程

待计算的以下两个序列将被整理为等时距序列（1 时距序列）。

序列 1：91310.936291，110534.87646，130260.24，135239.94985，160722.2317，188470.1531，199670.65959

序列 2：345.6999，358.3715，373.0164，386.0823，400.8229，410.6387，423.7508

（一）计算灰色绝对关联度

1. 计算两序列的始点零化像

序列 1：0.0000，19223.9402，38949.3037，43929.0136，69411.2954，97159.2168，108359.7233

序列 2：0.0000，12.6716，27.3165，40.3824，55.1230，64.9388，78.0509

2. 计算 $|s_0|$、$|s_1|$ 及 $|s_1 - s_0|$

$|s_0|$ =322852.63135；$|s_1|$ =239.45775；$|s_1 - s_0|$ =322613.1736

序列 Y_1 和序列 X_9 的灰色绝对关联度 =0.5004。

（二）计算灰色相对关联度

1. 计算两序列的初值像

序列 1：1.0000，1.2105，1.4266，1.4811，1.7602，2.0640，2.1867

序列 2：1.0000，1.0367，1.0790，1.1168，1.1595，1.1878，1.2258

2. 两序列的始点零化像

序列 1：0.0000，0.2105，0.4266，0.4811，0.7602，1.0640，1.1867

序列 2：0.0000，0.0367，0.0790，0.1168，0.1595，0.1878，0.2258

3. 计算 $|s_0|$ 、$|s_1|$ 及 $|s_1-s_0|$

$|s_0|$ =3.53575；$|s_1|$ =0.6927；$|s_1-s_0|$ =2.84305

序列 Y_1 和序列 X_9 的灰色相对关联度 =0.6478。

（三）计算灰色综合关联度

综合考虑各序列数据绝对量的大小和变化速率的快慢，θ 取 0.5。将以上计算所得的灰色绝对关联度 ε_{ij} 值和灰色相对关联度 r_{ij} 值，代入灰色综合关联度计算公式：

$$\rho_{ij} = \theta\varepsilon_{ij} + (1-\theta)r_{ij}$$

由此，可以得到序列 Y_1 和序列 X_9 的灰色综合关联度 =0.5741。

因此，序列 Y_1 和序列 X_9：

灰色绝对关联度：0.5004；灰色相对关联度：0.6478；灰色综合关联度：0.5741。

十、序列 Y_1 与序列 X_{10} 的灰色综合关联度计算过程

待计算的以下两个序列将被整理为等时距序列（1 时距序列）。

序列 1：91310.936291，110534.87646，130260.24，135239.94985，160722.2317，188470.1531，199670.65959

序列 2：12.338827，12.349518，12.276349，12.3683，12.424178，12.4612，12.499463

（一）计算灰色绝对关联度

1. 计算两序列的始点零化像

序列 1：0.0000，19223.9402，38949.3037，43929.0136，69411.2954，97159.2168，108359.7233

序列 2：0.0000，0.0107，−0.0625，0.0295，0.0854，0.1224，0.1606

2. 计算 $|s_0|$ 、$|s_1|$ 及 $|s_1-s_0|$

$|s_0|$ =322852.63135；$|s_1|$ =0.2658；$|s_1-s_0|$ =322852.36555

序列 Y_1 和序列 X_{10} 的灰色绝对关联度 =0.5000。

（二）计算灰色相对关联度

1. 计算两序列的初值像

序列1：1.0000，1.2105，1.4266，1.4811，1.7602，2.0640，2.1867

序列2：1.0000，1.0009，0.9949，1.0024，1.0069，1.0099，1.0130

2. 两序列的始点零化像

序列1：0.0000，0.2105，0.4266，0.4811，0.7602，1.0640，1.1867

序列2：0.0000，0.0009，−0.0051，0.0024，0.0069，0.0099，0.0130

3. 计算 $|s_0|$、$|s_1|$ 及 $|s_1 - s_0|$

$|s_0| = 3.53575$；$|s_1| = 0.0215$；$|s_1 - s_0| = 3.51425$

序列 Y_1 和序列 X_{10} 的灰色相对关联度 =0.5646。

（三）计算灰色综合关联度

综合考虑各序列数据绝对量的大小和变化速率的快慢，θ 取 0.5。将以上计算所得的灰色绝对关联度 ε_{ij} 值和灰色相对关联度 r_{ij} 值，代入灰色综合关联度计算公式：

$$\rho_{ij} = \theta\varepsilon_{ij} + (1 - \theta)r_{ij}$$

由此，可以得到序列 Y_1 和序列 $X_1$0 的灰色综合关联度 =0.5323。

因此，序列 Y_1 和序列 X_{10}：

灰色绝对关联度：0.5000；灰色相对关联度：0.5646；灰色综合关联度：0.5323。

十一、序列 Y_1 与序列 X_{11} 的灰色综合关联度计算过程

待计算的以下两个序列将被整理为等时距序列（1 时距序列）。

序列1：91310.936291，110534.87646，130260.24，135239.94985，160722.2317，188470.1531，199670.65959

序列2：211.3505，234.2961，246.184，234.5085，276.5147，349.0571，328.0114

（一）计算灰色绝对关联度

1. 计算两序列的始点零化像

序列1：0.0000，19223.9402，38949.3037，43929.0136，69411.2954，97159.2168，108359.7233

序列2：0.0000，22.9456，34.8335，23.1580，65.1642，137.7066，116.6609

2. 计算 $|s_0|$、$|s_1|$ 及 $|s_1-s_0|$

$|s_0|=322852.63135$；$|s_1|=342.13835$；$|s_1-s_0|=322510.493$

序列 Y_1 和序列 X_{11} 的灰色绝对关联度 =0.5005。

（二）计算灰色相对关联度

1. 计算两序列的初值像

序列1：1.0000，1.2105，1.4266，1.4811，1.7602，2.0640，2.1867

序列2：1.0000，1.1086，1.1648，1.1096，1.3083，1.6516，1.5520

2. 两序列的始点零化像

序列1：0.0000，0.2105，0.4266，0.4811，0.7602，1.0640，1.1867

序列2：0.0000，0.1086，0.1648，0.1096，0.3083，0.6516，0.5520

3. 计算 $|s_0|$、$|s_1|$ 及 $|s_1-s_0|$

$|s_0|=3.53575$；$|s_1|=1.6189$；$|s_1-s_0|=1.91685$

序列 Y_1 和序列 X_{11} 的灰色相对关联度 =0.7625。

（三）计算灰色综合关联度

综合考虑各序列数据绝对量的大小和变化速率的快慢，θ 取0.5。将以上计算所得的灰色绝对关联度 ε_{ij} 值和灰色相对关联度 r_{ij} 值，代入灰色综合关联度计算公式：

$$\rho_{ij}=\theta\varepsilon_{ij}+(1-\theta)r_{ij}$$

由此，可以得到序列 Y_1 和序列 X_{11} 的灰色综合关联度 =0.6315。

因此，序列 Y_1 和序列 X_{11}：

灰色绝对关联度：0.5005；灰色相对关联度：0.7625；灰色综合关联度：0.6315。

十二、序列 Y_1 与序列 X_{12} 的灰色综合关联度计算过程

待计算的以下两个序列将被整理为等时距序列（1 时距序列）。

序列 1：91310. 936291，110534. 87646，130260. 24，135239. 94985，160722. 2317，188470. 1531，199670. 65959

序列 2：2037060，2275822，2587413，2825221. 9417，3241806. 6893，3696961. 0873，4099400. 308

（一）计算灰色绝对关联度

1. 计算两序列的始点零化像

序列 1：0. 0000，19223. 9402，38949. 3037，43929. 0136，69411. 2954，97159. 2168，108359. 7233

序列 2：0. 0000，238762. 0000，550353. 0000，788161. 9417，1204746. 6893，1659901. 0873，2062340. 3080

2. 计算 $|s_0|$、$|s_1|$ 及 $|s_1-s_0|$

$|s_0|=322852.63135$；$|s_1|=5473094.8723$；$|s_1-s_0|=5150242.24095$

序列 Y_1 和序列 X_{12} 的灰色绝对关联度 =0. 5295。

（二）计算灰色相对关联度

1. 计算两序列的初值像

序列 1：1. 0000，1. 2105，1. 4266，1. 4811，1. 7602，2. 0640，2. 1867

序列 2：1. 0000，1. 1172，1. 2702，1. 3869，1. 5914，1. 8149，2. 0124

2. 两序列的始点零化像

序列 1：0. 0000，0. 2105，0. 4266，0. 4811，0. 7602，1. 0640，1. 1867

序列 2：0. 0000，0. 1172，0. 2702，0. 3869，0. 5914，0. 8149，1. 0124

3. 计算 $|s_0|$、$|s_1|$ 及 $|s_1-s_0|$

$|s_0|=3.53575$；$|s_1|=2.6868$；$|s_1-s_0|=0.84895$

序列 Y_1 和序列 X_{12} 的灰色相对关联度 =0. 8948。

（三）计算灰色综合关联度

综合考虑各序列数据绝对量的大小和变化速率的快慢，θ 取 0. 5。将以上

计算所得的灰色绝对关联度 ε_{ij} 值和灰色相对关联度 r_{ij} 值，代入灰色综合关联度计算公式：

$$\rho_{ij} = \theta\varepsilon_{ij} + (1 - \theta)r_{ij}$$

由此，可以得到序列 Y_1 和序列 X_{12} 的灰色综合关联度 =0.7122。

因此，序列 Y_1 和序列 X_{12}：

灰色绝对关联度：0.5295；灰色相对关联度：0.8948；灰色综合关联度：0.7122。

十三、序列 Y_1 与序列 X_{13} 的灰色综合关联度计算过程

待计算的以下两个序列将被整理为等时距序列（1 时距序列）。

序列 1：91310.936291，110534.87646，130260.24，135239.94985，160722.2317，188470.1531，199670.65959

序列 2：288224.00，314237.00，330354.14，333347.92，364270.80，393262.89，390437.51

（一）计算灰色绝对关联度

1. 计算两序列的始点零化像

序列 1：0.0000，19223.9402，38949.3037，43929.0136，69411.2954，97159.2168，108359.7233

序列 2：0.0000，26013.0000，42130.1400，45123.9200，76046.8000，105038.8900，102213.5100

2. 计算 $|s_0|$、$|s_1|$ 及 $|s_1 - s_0|$

$|s_0|$ =322852.63135；$|s_1|$ =345459.505；$|s_1 - s_0|$ =22606.87365

序列 Y_1 和序列 X_{13} 的灰色绝对关联度 =0.9673。

（二）计算灰色相对关联度

1. 计算两序列的初值像

序列 1：1.0000，1.2105，1.4266，1.4811，1.7602，2.0640，2.1867

序列 2：1.0000，1.0903，1.1462，1.1566，1.2638，1.3644，1.3546

2. 两序列的始点零化像

序列 1：0.0000，0.2105，0.4266，0.4811，0.7602，1.0640，1.1867

序列 2：0.0000，0.0903，0.1462，0.1566，0.2638，0.3644，0.3546

3. 计算 $|s_0|$、$|s_1|$ 及 $|s_1-s_0|$

$|s_0|$ =3.53575；$|s_1|$ =1.1986；$|s_1-s_0|$ =2.33715

序列 Y_1 和序列 X_{13} 的灰色相对关联度 =0.7104。

（三）计算灰色综合关联度

综合考虑各序列数据绝对量的大小和变化速率的快慢，θ 取 0.5。将以上计算所得的灰色绝对关联度 ε_{ij} 值和灰色相对关联度 r_{ij} 值，代入灰色综合关联度计算公式：

$$\rho_{ij} = \theta\varepsilon_{ij} + (1-\theta)r_{ij}$$

由此，可以得到序列 Y_1 和序列 X_{13} 的灰色综合关联度 =0.8389。

因此，序列 Y_1 和序列 X_{13}：

灰色绝对关联度：0.9673；灰色相对关联度：0.7104；灰色综合关联度：0.8389。

十四、序列 Y_1 与序列 X_{14} 的灰色综合关联度计算过程

待计算的以下两个序列将被整理为等时距序列（1 时距序列）。

序列 1：91310.936291，110534.87646，130260.24，135239.94985，160722.2317，188470.1531，199670.65959

序列 2：1466347.00，1639432.00，1916759.00，2127834.00，2448052.00，2820100.00，3188475.00

（一）计算灰色绝对关联度

1. 计算两序列的始点零化像

序列 1：0.0000，19223.9402，38949.3037，43929.0136，69411.2954，97159.2168，108359.7233

序列 2：0.0000，173085.0000，450412.0000，661487.0000，981705.0000，1353753.0000，1722128.0000

2. 计算 $|s_0|$ 、$|s_1|$ 及 $|s_1-s_0|$

$|s_0|$ =322852.63135；$|s_1|$ =4481506；$|s_1-s_0|$ =4158653.36865

序列 Y_1 和序列 X_{14} 的灰色绝对关联度 =0.5360。

（二）计算灰色相对关联度

1. 计算两序列的初值像

序列 1：1.0000，1.2105，1.4266，1.4811，1.7602，2.0640，2.1867

序列 2：1.0000，1.1180，1.3072，1.4511，1.6695，1.9232，2.1744

2. 两序列的始点零化像

序列 1：0.0000，0.2105，0.4266，0.4811，0.7602，1.0640，1.1867

序列 2：0.0000，0.1180，0.3072，0.4511，0.6695，0.9232，1.1744

3. 计算 $|s_0|$ 、$|s_1|$ 及 $|s_1-s_0|$

$|s_0|$ =3.53575；$|s_1|$ =3.0562；$|s_1-s_0|$ =0.47955

序列 Y_1 和序列 X_{14} 的灰色相对关联度 =0.9406。

（三）计算灰色综合关联度

综合考虑各序列数据绝对量的大小和变化速率的快慢，θ 取 0.5。将以上计算所得的灰色绝对关联度 ε_{ij} 值和灰色相对关联度 r_{ij} 值，代入灰色综合关联度计算公式：

$$\rho_{ij} = \theta\varepsilon_{ij} + (1-\theta)r_{ij}$$

由此，可以得到序列 Y_1 和序列 X_{14} 的灰色综合关联度 =0.7383。

因此，序列 Y_1 和序列 X_{14}：

灰色绝对关联度：0.5360；灰色相对关联度：0.9406；灰色综合关联度：0.7383。

十五、序列 Y_1 与序列 X_{15} 的灰色综合关联度计算过程

待计算的以下两个序列将被整理为等时距序列（1 时距序列）。

序列 1：91310.936291，110534.87646，130260.24，135239.94985，160722.2317，188470.1531，199670.65959

序列 2：248703，281199，294510，318996，378949，425968，458705

（一）计算灰色绝对关联度

1. 计算两序列的始点零化像

序列1：0.0000，19223.9402，38949.3037，43929.0136，69411.2954，97159.2168，108359.7233

序列2：0.0000，32496.0000，45807.0000，70293.0000，130246.0000，177265.0000，210002.0000

2. 计算 $|s_0|$、$|s_1|$ 及 $|s_1-s_0|$

$|s_0|=322852.63135$；$|s_1|=561108$；$|s_1-s_0|=238255.36865$

序列 Y_1 和序列 X_{15} 的灰色绝对关联度 =0.7877。

（二）计算灰色相对关联度

1. 计算两序列的初值像

序列1：1.0000，1.2105，1.4266，1.4811，1.7602，2.0640，2.1867

序列2：1.0000，1.1307，1.1842，1.2826，1.5237，1.7128，1.8444

2. 两序列的始点零化像

序列1：0.0000，0.2105，0.4266，0.4811，0.7602，1.0640，1.1867

序列2：0.0000，0.1307，0.1842，0.2826，0.5237，0.7128，0.8444

3. 计算 $|s_0|$、$|s_1|$ 及 $|s_1-s_0|$

$|s_0|=3.53575$；$|s_1|=2.2562$；$|s_1-s_0|=1.27955$

序列 Y_1 和序列 X_{15} 的灰色相对关联度 =0.8415。

（三）计算灰色综合关联度

综合考虑各序列数据绝对量的大小和变化速率的快慢，θ 取 0.5。将以上计算所得的灰色绝对关联度 ε_{ij} 值和灰色相对关联度 r_{ij} 值，代入灰色综合关联度计算公式：

$$\rho_{ij} = \theta\varepsilon_{ij} + (1-\theta)r_{ij}$$

由此，可以得到序列 Y_1 和序列 X_{15} 的灰色综合关联度 =0.8146。

因此，序列 Y_1 和序列 X_{15}：

灰色绝对关联度：0.7877；灰色相对关联度：0.8415；灰色综合关联度：0.8146。

十六、序列 Y_1 与序列 X_{16}的灰色综合关联度计算过程

待计算的以下两个序列将被整理为等时距序列（1 时距序列）。

序列 1：91310.936291，110534.87646，130260.24，135239.94985，160722.2317，188470.1531，199670.65959

序列 2：342191.00，388200.00，429599，475480.5847，548358，616292，665245

（一）计算灰色绝对关联度

1. 计算两序列的始点零化像

序列 1：0.0000，19223.9402，38949.3037，43929.0136，69411.2954，97159.2168，108359.7233

序列 2：0.0000，46009.0000，87408.0000，133289.5847，206167.0000，274101.0000，323054.0000

2. 计算 $|s_0|$ 、$|s_1|$ 及 $|s_1-s_0|$

$|s_0|$ =322852.63135；$|s_1|$ =908501.5847；$|s_1-s_0|$ =585648.95335

序列 Y_1 和序列 X_{16}的灰色绝对关联度 =0.6777。

（二）计算灰色相对关联度

1. 计算两序列的初值像

序列 1：1.0000，1.2105，1.4266，1.4811，1.7602，2.0640，2.1867

序列 2：1.0000，1.1345，1.2554，1.3895，1.6025，1.8010，1.9441

2. 两序列的始点零化像

序列 1：0.0000，0.2105，0.4266，0.4811，0.7602，1.0640，1.1867

序列 2：0.0000，0.1345，0.2554，0.3895，0.6025，0.8010，0.9441

3. 计算 $|s_0|$ 、$|s_1|$ 及 $|s_1-s_0|$

$|s_0|$ =3.53575；$|s_1|$ =2.65495；$|s_1-s_0|$ =0.8808

序列 Y_1 和序列 X_{16}的灰色相对关联度 =0.8909。

（三）计算灰色综合关联度

综合考虑各序列数据绝对量的大小和变化速率的快慢，θ 取 0.5。将以上

计算所得的灰色绝对关联度 ε_{ij} 值和灰色相对关联度 r_{ij} 值，代入灰色综合关联度计算公式：

$$\rho_{ij} = \theta\varepsilon_{ij} + (1 - \theta)r_{ij}$$

由此，可以得到序列 Y_1 和序列 X_{16} 的灰色综合关联度 =0. 7843。

因此，序列 Y_1 和序列 X_{16}：

灰色绝对关联度：0. 6777；灰色相对关联度：0. 8909；灰色综合关联度：0. 7843。

十七、序列 Y_1 与序列 X_{17} 的灰色综合关联度计算过程

待计算的以下两个序列将被整理为等时距序列（1 时距序列）。

序列 1：91310. 936291，110534. 87646，130260. 24，135239. 94985，160722. 2317，188470. 1531，199670. 65959

序列 2：54413. 00，58903. 00，42352. 00，51733. 00，58054. 00，63542. 00，65815. 00

（一）计算灰色绝对关联度

1. 计算两序列的始点零化像

序列 1：0. 0000，19223. 9402，38949. 3037，43929. 0136，69411. 2954，97159. 2168，108359. 7233

序列 2：0. 0000，4490. 0000，－12061. 0000，－2680. 0000，3641. 0000，9129. 0000，11402. 0000

2. 计算 $|s_0|$、$|s_1|$ 及 $|s_1 - s_0|$

$|s_0|$ =322852. 63135；$|s_1|$ =8220；$|s_1 - s_0|$ =314632. 63135

序列 Y_1 和序列 X_{17} 的灰色绝对关联度 =0. 5127。

（二）计算灰色相对关联度

1. 计算两序列的初值像

序列 1：1. 0000，1. 2105，1. 4266，1. 4811，1. 7602，2. 0640，2. 1867

序列 2：1. 0000，1. 0825，0. 7783，0. 9507，1. 0669，1. 1678，1. 2095

2. 两序列的始点零化像

序列 1：0.0000，0.2105，0.4266，0.4811，0.7602，1.0640，1.1867

序列 2：0.0000，0.0825，−0.2217，−0.0493，0.0669，0.1678，0.2095

3. 计算 $|s_0|$、$|s_1|$ 及 $|s_1-s_0|$

$|s_0|=3.53575$；$|s_1|=0.15095$；$|s_1-s_0|=3.3848$

序列 Y_1 和序列 X_{17} 的灰色相对关联度 =0.5806。

（三）计算灰色综合关联度

综合考虑各序列数据绝对量的大小和变化速率的快慢，θ 取 0.5。将以上计算所得的灰色绝对关联度 ε_{ij} 值和灰色相对关联度 r_{ij} 值，代入灰色综合关联度计算公式：

$$\rho_{ij} = \theta\varepsilon_{ij} + (1-\theta)r_{ij}$$

由此，可以得到序列 Y_1 和序列 X_{17} 的灰色综合关联度 =0.5467。

因此，序列 Y_1 和序列 X_{17}：

灰色绝对关联度：0.5127；灰色相对关联度：0.5806；灰色综合关联度：0.5467。

十八、序列 Y_1 与序列 X_{18} 的灰色综合关联度计算过程

待计算的以下两个序列将被整理为等时距序列（1 时距序列）。

序列 1：91310.936291，110534.87646，130260.24，135239.94985，160722.2317，188470.1531，199670.65959

序列 2：194290.00，222296.00，252158.00，267263.00，320895.00，362426.00，392890.00

（一）计算灰色绝对关联度

1. 计算两序列的始点零化像

序列 1：0.0000，19223.9402，38949.3037，43929.0136，69411.2954，97159.2168，108359.7233

序列 2：0.0000，28006.0000，57868.0000，72973.0000，126605.0000，168136.0000，198600.0000

2. 计算 $|s_0|$、$|s_1|$ 及 $|s_1 - s_0|$

$|s_0| = 322852.63135$；$|s_1| = 552888$；$|s_1 - s_0| = 230035.36865$

序列 Y_1 和序列 X_{18} 的灰色绝对关联度 = 0.7920。

（二）计算灰色相对关联度

1. 计算两序列的初值像

序列 1：1.0000，1.2105，1.4266，1.4811，1.7602，2.0640，2.1867

序列 2：1.0000，1.1441，1.2978，1.3756，1.6516，1.8654，2.0222

2. 两序列的始点零化像

序列 1：0.0000，0.2105，0.4266，0.4811，0.7602，1.0640，1.1867

序列 2：0.0000，0.1441，0.2978，0.3756，0.6516，0.8654，1.0222

3. 计算 $|s_0|$、$|s_1|$ 及 $|s_1 - s_0|$

$|s_0| = 3.53575$；$|s_1| = 2.8456$；$|s_1 - s_0| = 0.69015$

序列 Y_1 和序列 X_{18} 的灰色相对关联度 = 0.9145。

（三）计算灰色综合关联度

综合考虑各序列数据绝对量的大小和变化速率的快慢，θ 取 0.5。将以上计算所得的灰色绝对关联度 ε_{ij} 值和灰色相对关联度 r_{ij} 值，代入灰色综合关联度计算公式：

$$\rho_{ij} = \theta\varepsilon_{ij} + (1 - \theta)r_{ij}$$

由此，可以得到序列 Y_1 和序列 X_{18} 的灰色综合关联度 = 0.8532。

因此，序列 Y_1 和序列 X_{18}：

灰色绝对关联度：0.7920；灰色相对关联度：0.9145；灰色综合关联度：0.8532。

十九、序列 Y_1 与序列 X_{19} 的灰色综合关联度计算过程

待计算的以下两个序列将被整理为等时距序列（1 时距序列）。

序列 1：91310.936291，110534.87646，130260.24，135239.94985，160722.2317，188470.1531，199670.65959

序列 2：349.43196，401.84851，407.63762，445.5347，563.03705，

557.477，545.03422

（一）计算灰色绝对关联度

1. 计算两序列的始点零化像

序列1：0.0000，19223.9402，38949.3037，43929.0136，69411.2954，97159.2168，108359.7233

序列2：0.0000，52.4166，58.2057，96.1027，213.6051，208.0450，195.6023

2. 计算 $|s_0|$、$|s_1|$ 及 $|s_1-s_0|$

$|s_0|=322852.63135$；$|s_1|=726.17625$；$|s_1-s_0|=322126.4551$

序列 Y_1 和序列 X_{19} 的灰色绝对关联度 =0.5011。

（二）计算灰色相对关联度

1. 计算两序列的初值像

序列1：1.0000，1.2105，1.4266，1.4811，1.7602，2.0640，2.1867

序列2：1.0000，1.1500，1.1666，1.2750，1.6113，1.5954，1.5598

2. 两序列的始点零化像

序列1：0.0000，0.2105，0.4266，0.4811，0.7602，1.0640，1.1867

序列2：0.0000，0.1500，0.1666，0.2750，0.6113，0.5954，0.5598

3. 计算 $|s_0|$、$|s_1|$ 及 $|s_1-s_0|$

$|s_0|=3.53575$；$|s_1|=2.0782$；$|s_1-s_0|=1.45755$

序列 Y_1 和序列 X_{19} 的灰色相对关联度 =0.8194。

（三）计算灰色综合关联度

综合考虑各序列数据绝对量的大小和变化速率的快慢，θ 取 0.5。将以上计算所得的灰色绝对关联度 ε_{ij} 值和灰色相对关联度 r_{ij} 值，代入灰色综合关联度计算公式：

$$\rho_{ij} = \theta\varepsilon_{ij} + (1 - \theta)r_{ij}$$

由此，可以得到序列 Y_1 和序列 X_{19} 的灰色综合关联度 =0.6603。

因此，序列 Y_1 和序列 X_{19}：

灰色绝对关联度：0.5011；灰色相对关联度：0.8194；灰色综合关联

度：0.6603。

二十、序列 Y_1 与序列 X_{20} 的灰色综合关联度计算过程

待计算的以下两个序列将被整理为等时距序列（1 时距序列）。

序列 1：91310.936291，110534.87646，130260.24，135239.94985，160722.2317，188470.1531，199670.65959

序列 2：88840，101419，110301，122133.3126，141837.42299，159323.6，173770.70631

（一）计算灰色绝对关联度

1. 计算两序列的始点零化像

序列 1：0.0000，19223.9402，38949.3037，43929.0136，69411.2954，97159.2168，108359.7233

序列 2：0.0000，12579.0000，21461.0000，33293.3126，52997.4230，70483.6000，84930.7063

2. 计算 $|s_0|$、$|s_1|$ 及 $|s_1-s_0|$

$|s_0|=322852.63135$；$|s_1|=233279.68875$；$|s_1-s_0|=89572.9426$

序列 Y_1 和序列 X_{20} 的灰色绝对关联度 = 0.8613。

（二）计算灰色相对关联度

1. 计算两序列的初值像

序列 1：1.0000，1.2105，1.4266，1.4811，1.7602，2.0640，2.1867

序列 2：1.0000，1.1416，1.2416，1.3748，1.5965，1.7934，1.9560

2. 两序列的始点零化像

序列 1：0.0000，0.2105，0.4266，0.4811，0.7602，1.0640，1.1867

序列 2：0.0000，0.1416，0.2416，0.3748，0.5965，0.7934，0.9560

3. 计算 $|s_0|$、$|s_1|$ 及 $|s_1-s_0|$

$|s_0|=3.53575$；$|s_1|=2.6259$；$|s_1-s_0|=0.90985$

序列 Y_1 和序列 X_{20} 的灰色相对关联度 = 0.8873。

（三）计算灰色综合关联度

综合考虑各序列数据绝对量的大小和变化速率的快慢，θ 取 0.5。将以上计算所得的灰色绝对关联度 ε_{ij} 值和灰色相对关联度 r_{ij} 值，代入灰色综合关联度计算公式：

$$\rho_{ij} = \theta\varepsilon_{ij} + (1 - \theta)r_{ij}$$

由此，可以得到序列 Y_1 和序列 X_{20} 的灰色综合关联度 =0.8743。

因此，序列 Y_1 和序列 X_{20}：

灰色绝对关联度：0.8613；灰色相对关联度：0.8873；灰色综合关联度：0.8743。

二十一、序列 Y_1 与序列 X_{21} 的灰色综合关联度计算过程

待计算的以下两个序列将被整理为等时距序列（1 时距序列）。

序列 1：91310.936291，110534.87646，130260.24，135239.94985，160722.2317，188470.1531，199670.65959

序列 2：21954.41，23797，25106.281709，25239.16924，27644.13317，29465.7852，29187.08595

（一）计算灰色绝对关联度

1. 计算两序列的始点零化像

序列 1：0.0000，19223.9402，38949.3037，43929.0136，69411.2954，97159.2168，108359.7233

序列 2：0.0000，1842.5900，3151.8717，3284.7592，5689.7232，7511.3752，7232.6760

2. 计算 $|s_0|$、$|s_1|$ 及 $|s_1 - s_0|$

$|s_0|$ =322852.63135；$|s_1|$ =25096.6573；$|s_1 - s_0|$ =297755.97405

序列 Y_1 和序列 X_{21} 的灰色绝对关联度 =0.5389。

（二）计算灰色相对关联度

1. 计算两序列的初值像

序列 1：1.0000，1.2105，1.4266，1.4811，1.7602，2.0640，2.1867

序列 2：1.0000，1.0839，1.1436，1.1496，1.2592，1.3421，1.3294

2. 两序列的始点零化像

序列 1：0.0000，0.2105，0.4266，0.4811，0.7602，1.0640，1.1867

序列 2：0.0000，0.0839，0.1436，0.1496，0.2592，0.3421，0.3294

3. 计算 $|s_0|$、$|s_1|$ 及 $|s_1-s_0|$

$|s_0|=3.53575$；$|s_1|=1.1431$；$|s_1-s_0|=2.39265$

序列 Y_1 和序列 X_{21} 的灰色相对关联度 =0.7036。

（三）计算灰色综合关联度

综合考虑各序列数据绝对量的大小和变化速率的快慢，θ 取 0.5。将以上计算所得的灰色绝对关联度 ε_{ij} 值和灰色相对关联度 r_{ij} 值，代入灰色综合关联度计算公式：

$$\rho_{ij}=\theta\varepsilon_{ij}+(1-\theta)r_{ij}$$

由此，可以得到序列 Y_1 和序列 X_{21} 的灰色综合关联度 =0.6212。

因此，序列 Y_1 和序列 X_{21}：

灰色绝对关联度：0.5389；灰色相对关联度：0.7036；灰色综合关联度：0.6212。

二十二、序列 Y_1 与序列 X_{22} 的灰色综合关联度计算过程

待计算的以下两个序列将被整理为等时距序列（1 时距序列）。

序列 1：91310.936291，110534.87646，130260.24，135239.94985，160722.2317，188470.1531，199670.65959

序列 2：9754.2476，11354.6872，32868.1861，37188.8205，43389.6721，51374.7406，59534.8647

（一）计算灰色绝对关联度

1. 计算两序列的始点零化像

序列1：0.0000，19223.9402，38949.3037，43929.0136，69411.2954，97159.2168，108359.7233

序列2：0.0000，1600.4396，23113.9385，27434.5729，33635.4245，41620.4930，49780.6171

2. 计算 $|s_0|$、$|s_1|$ 及 $|s_1-s_0|$

$|s_0|=322852.63135$；$|s_1|=152295.17705$；$|s_1-s_0|=170557.4543$

序列 Y_1 和序列 X_{22} 的灰色绝对关联度 =0.7359。

（二）计算灰色相对关联度

1. 计算两序列的初值像

序列1：1.0000，1.2105，1.4266，1.4811，1.7602，2.0640，2.1867

序列2：1.0000，1.1641，3.3696，3.8126，4.4483，5.2669，6.1035

2. 两序列的始点零化像

序列1：0.0000，0.2105，0.4266，0.4811，0.7602，1.0640，1.1867

序列2：0.0000，0.1641，2.3696，2.8126，3.4483，4.2669，5.1035

3. 计算 $|s_0|$、$|s_1|$ 及 $|s_1-s_0|$

$|s_0|=3.53575$；$|s_1|=15.61325$；$|s_1-s_0|=12.0775$

序列 Y_1 和序列 X_{22} 的灰色相对关联度 =0.6252。

（三）计算灰色综合关联度

综合考虑各序列数据绝对量的大小和变化速率的快慢，θ 取0.5。将以上计算所得的灰色绝对关联度 ε_{ij} 值和灰色相对关联度 r_{ij} 值，代入灰色综合关联度计算公式：

$$\rho_{ij} = \theta\varepsilon_{ij} + (1-\theta)r_{ij}$$

由此，可以得到序列 Y_1 和序列 X_{22} 的灰色综合关联度 =0.6805。

因此，序列 Y_1 和序列 X_{22}：

灰色绝对关联度：0.7359；灰色相对关联度：0.6252；灰色综合关联度：0.6805。

二十三、序列 Y_1 与序列 X_{23} 的灰色综合关联度计算过程

待计算的以下两个序列将被整理为等时距序列（1 时距序列）。

序列 1：91310.936291，110534.87646，130260.24，135239.94985，160722.2317，188470.1531，199670.65959

序列 2：55486，64285，50263，57556.6722，68427.5264，75423.8358，81707.5789

（一）计算灰色绝对关联度

1. 计算两序列的始点零化像

序列 1：0.0000，19223.9402，38949.3037，43929.0136，69411.2954，97159.2168，108359.7233

序列 2：0.0000，8799.0000，－5223.0000，2070.6722，12941.5264，19937.8358，26221.5789

2. 计算 $|s_0|$、$|s_1|$ 及 $|s_1-s_0|$

$|s_0|=322852.63135$；$|s_1|=51636.82385$；$|s_1-s_0|=271215.8075$

序列 Y_1 和序列 X_{23} 的灰色绝对关联度 =0.5800。

（二）计算灰色相对关联度

1. 计算两序列的初值像

序列 1：1.0000，1.2105，1.4266，1.4811，1.7602，2.0640，2.1867

序列 2：1.0000，1.1586，0.9059，1.0373，1.2332，1.3593，1.4726

2. 两序列的始点零化像

序列 1：0.0000，0.2105，0.4266，0.4811，0.7602，1.0640，1.1867

序列 2：0.0000，0.1586，－0.0941，0.0373，0.2332，0.3593，0.4726

3. 计算 $|s_0|$、$|s_1|$ 及 $|s_1-s_0|$

$|s_0|=3.53575$；$|s_1|=0.9306$；$|s_1-s_0|=2.60515$

序列 Y_1 和序列 X_{23} 的灰色相对关联度 =0.6772。

（三）计算灰色综合关联度

综合考虑各序列数据绝对量的大小和变化速率的快慢，θ 取 0.5。将以上

计算所得的灰色绝对关联度 ε_{ij} 值和灰色相对关联度 r_{ij} 值，代入灰色综合关联度计算公式：

$$\rho_{ij} = \theta\varepsilon_{ij} + (1 - \theta)r_{ij}$$

由此，可以得到序列 Y_1 和序列 X_{23} 的灰色综合关联度 =0.6286。

因此，序列 Y_1 和序列 X_{23}：

灰色绝对关联度：0.5800；灰色相对关联度：0.6772；灰色综合关联度：0.6286。

二十四、序列 Y_1 与序列 X_{24} 的灰色综合关联度计算过程

待计算的以下两个序列将被整理为等时距序列（1 时距序列）。

序列 1：91310.936291，110534.87646，130260.24，135239.94985，160722.2317，188470.1531，199670.65959

序列 2：42577.2996，48685.8941，32851，39524，45999，49355，53412.1005

（一）计算灰色绝对关联度

1. 计算两序列的始点零化像

序列 1：0.0000，19223.9402，38949.3037，43929.0136，69411.2954，97159.2168，108359.7233

序列 2：0.0000，6108.5945，－9726.2996，－3053.2996，3421.7004，6777.7004，10834.8009

2. 计算 $|s_0|$、$|s_1|$ 及 $|s_1 - s_0|$

$|s_0|$ =322852.63135；$|s_1|$ =8945.79655；$|s_1 - s_0|$ =313906.8348

序列 Y_1 和序列 X_{24} 的灰色绝对关联度 =0.5139。

（二）计算灰色相对关联度

1. 计算两序列的初值像

序列 1：1.0000，1.2105，1.4266，1.4811，1.7602，2.0640，2.1867

序列 2：1.0000，1.1435，0.7716，0.9283，1.0804，1.1592，1.2545

2. 两序列的始点零化像

序列 1：0.0000，0.2105，0.4266，0.4811，0.7602，1.0640，1.1867

序列 2：0.0000，0.1435，-0.2284，-0.0717，0.0804，0.1592，0.2545

3. 计算 $|s_0|$、$|s_1|$ 及 $|s_1 - s_0|$

$|s_0| = 3.53575$；$|s_1| = 0.21025$；$|s_1 - s_0| = 3.3255$

序列 Y_1 和序列 X_{24} 的灰色相对关联度 = 0.5880。

（三）计算灰色综合关联度

综合考虑各序列数据绝对量的大小和变化速率的快慢，θ 取 0.5。将以上计算所得的灰色绝对关联度 ε_{ij} 值和灰色相对关联度 r_{ij} 值，代入灰色综合关联度计算公式：

$$\rho_{ij} = \theta\varepsilon_{ij} + (1 - \theta)r_{ij}$$

由此，可以得到序列 Y_1 和序列 X_{24} 的灰色综合关联度 = 0.5509。

因此，序列 Y_1 和序列 X_{24}：

灰色绝对关联度：0.5139；灰色相对关联度：0.5880；灰色综合关联度：0.5509。

二十五、序列 Y_1 与序列 X_{25} 的灰色综合关联度计算过程

待计算的以下两个序列将被整理为等时距序列（1 时距序列）。

序列 1：91310.936291，110534.87646，130260.24，135239.94985，160722.2317，188470.1531，199670.65959

序列 2：12908.4499，15598.9519，17411.7045，18032.6722，22428.5264，26068.8358，28295.4784

（一）计算灰色绝对关联度

1. 计算两序列的始点零化像

序列 1：0.0000，19223.9402，38949.3037，43929.0136，69411.2954，97159.2168，108359.7233

序列 2：0.0000，2690.5020，4503.2546，5124.2223，9520.0765，13160.3859，15387.0285

2. 计算 $|s_0|$、$|s_1|$ 及 $|s_1 - s_0|$

$|s_0| = 322852.63135$；$|s_1| = 42691.95555$；$|s_1 - s_0| = 280160.6758$

序列 Y_1 和序列 X_{25} 的灰色绝对关联度 =0.5661。

（二）计算灰色相对关联度

1. 计算两序列的初值像

序列 1：1.0000，1.2105，1.4266，1.4811，1.7602，2.0640，2.1867

序列 2：1.0000，1.2084，1.3489，1.3970，1.7375，2.0195，2.1920

2. 两序列的始点零化像

序列 1：0.0000，0.2105，0.4266，0.4811，0.7602，1.0640，1.1867

序列 2：0.0000，0.2084，0.3489，0.3970，0.7375，1.0195，1.1920

3. 计算 $|s_0|$ 、$|s_1|$ 及 $|s_1-s_0|$

$|s_0|$ =3.53575；$|s_1|$ =3.3073；$|s_1-s_0|$ =0.22845

序列 Y_1 和序列 X_{25} 的灰色相对关联度 =0.9717。

（三）计算灰色综合关联度

综合考虑各序列数据绝对量的大小和变化速率的快慢，θ 取 0.5。将以上计算所得的灰色绝对关联度 ε_{ij} 值和灰色相对关联度 r_{ij} 值，代入灰色综合关联度计算公式：

$$\rho_{ij} = \theta\varepsilon_{ij} + (1-\theta)r_{ij}$$

由此，可以得到序列 Y_1 和序列 X_{25} 的灰色综合关联度 =0.7689。

因此，序列 Y_1 和序列 X_{25}：

灰色绝对关联度：0.5661；灰色相对关联度：0.9717；灰色综合关联度：0.7689。

二十六、序列 Y_1 与序列 X_{26} 的灰色综合关联度计算过程

待计算的以下两个序列将被整理为等时距序列（1 时距序列）。

序列 1：91310.936291，110534.87646，130260.24，135239.94985，160722.2317，188470.1531，199670.65959

序列 2：94.27526，116.386674，119.602272，126.230702，178.89816，173.91，163.889362

（一）计算灰色绝对关联度

1. 计算两序列的始点零化像

序列1：0.0000，19223.9402，38949.3037，43929.0136，69411.2954，97159.2168，108359.7233

序列2：0.0000，22.1114，25.3270，31.9554，84.6229，79.6347，69.6141

2. 计算 $|s_0|$、$|s_1|$ 及 $|s_1-s_0|$

$|s_0|=322852.63135$；$|s_1|=278.45845$；$|s_1-s_0|=322574.1729$

序列 Y_1 和序列 X_{26} 的灰色绝对关联度 =0.5004。

（二）计算灰色相对关联度

1. 计算两序列的初值像

序列1：1.0000，1.2105，1.4266，1.4811，1.7602，2.0640，2.1867

序列2：1.0000，1.2345，1.2686，1.3390，1.8976，1.8447，1.7384

2. 两序列的始点零化像

序列1：0.0000，0.2105，0.4266，0.4811，0.7602，1.0640，1.1867

序列2：0.0000，0.2345，0.2686，0.3390，0.8976，0.8447，0.7384

3. 计算 $|s_0|$、$|s_1|$ 及 $|s_1-s_0|$

$|s_0|=3.53575$；$|s_1|=2.9536$；$|s_1-s_0|=0.58215$

序列 Y_1 和序列 X_{26} 的灰色相对关联度 =0.9279。

（三）计算灰色综合关联度

综合考虑各序列数据绝对量的大小和变化速率的快慢，θ 取 0.5。将以上计算所得的灰色绝对关联度 ε_{ij} 值和灰色相对关联度 r_{ij} 值，代入灰色综合关联度计算公式：

$$\rho_{ij} = \theta\varepsilon_{ij} + (1-\theta)r_{ij}$$

由此，可以得到序列 Y_1 和序列 X_{26} 的灰色综合关联度 =0.7142。

因此，序列 Y_1 和序列 X_{26}：

灰色绝对关联度：0.5004；灰色相对关联度：0.9279；灰色综合关联度：0.7142。

二十七、序列 Y_1 与序列 X_{27} 的灰色综合关联度计算过程

待计算的以下两个序列将被整理为等时距序列（1 时距序列）。

序列 1：91310. 936291，110534. 87646，130260. 24，135239. 94985，160722. 2317，188470. 1531，199670. 65959

序列 2：558483. 00，571078. 00，584961. 00，594388. 00，622284. 00，644677. 00，664333. 00

（一）计算灰色绝对关联度

1. 计算两序列的始点零化像

序列 1：0. 0000，19223. 9402，38949. 3037，43929. 0136，69411. 2954，97159. 2168，108359. 7233

序列 2：0. 0000，12595. 0000，26478. 0000，35905. 0000，63801. 0000，86194. 0000，105850. 0000

2. 计算 $|s_0|$ 、 $|s_1|$ 及 $|s_1-s_0|$

$|s_0|$ =322852. 63135； $|s_1|$ =277898； $|s_1-s_0|$ =44954. 63135

序列 Y_1 和序列 X_{27} 的灰色绝对关联度 =0. 9304。

（二）计算灰色相对关联度

1. 计算两序列的初值像

序列 1：1. 0000，1. 2105，1. 4266，1. 4811，1. 7602，2. 0640，2. 1867

序列 2：1. 0000，1. 0226，1. 0474，1. 0643，1. 1142，1. 1543，1. 1895

2. 两序列的始点零化像

序列 1：0. 0000，0. 2105，0. 4266，0. 4811，0. 7602，1. 0640，1. 1867

序列 2：0. 0000，0. 0226，0. 0474，0. 0643，0. 1142，0. 1543，0. 1895

3. 计算 $|s_0|$ 、 $|s_1|$ 及 $|s_1-s_0|$

$|s_0|$ =3. 53575； $|s_1|$ =0. 49755； $|s_1-s_0|$ =3. 0382

序列 Y_1 和序列 X_{27} 的灰色相对关联度 =0. 6236。

（三）计算灰色综合关联度

综合考虑各序列数据绝对量的大小和变化速率的快慢，θ 取 0. 5。将以上

计算所得的灰色绝对关联度 ε_{ij} 值和灰色相对关联度 r_{ij} 值，代入灰色综合关联度计算公式：

$$\rho_{ij} = \theta\varepsilon_{ij} + (1 - \theta)r_{ij}$$

由此，可以得到序列 Y_1 和序列 X_{27} 的灰色综合关联度 =0.7770。

因此，序列 Y_1 和序列 X_{27}：

灰色绝对关联度：0.9304；灰色相对关联度：0.6236；灰色综合关联度：0.7770。

二十八、序列 Y_1 与序列 X_{28} 的灰色综合关联度计算过程

待计算的以下两个序列将被整理为等时距序列（1 时距序列）。

序列 1：91310.936291，110534.87646，130260.24，135239.94985，160722.2317，188470.1531，199670.65959

序列 2：2619.5686，3195.9943，3838.922，4845.0888，6124.1316，7478.3699，8943.0115

（一）计算灰色绝对关联度

1. 计算两序列的始点零化像

序列 1：0.0000，19223.9402，38949.3037，43929.0136，69411.2954，97159.2168，108359.7233

序列 2：0.0000，576.4257，1219.3534，2225.5202，3504.5630，4858.8013，6323.4429

2. 计算 $|s_0|$、$|s_1|$ 及 $|s_1 - s_0|$

$|s_0|$ =322852.63135；$|s_1|$ =15546.38505；$|s_1 - s_0|$ =307306.2463

序列 Y_1 和序列 X_{28} 的灰色绝对关联度 =0.5241。

（二）计算灰色相对关联度

1. 计算两序列的初值像

序列 1：1.0000，1.2105，1.4266，1.4811，1.7602，2.0640，2.1867

序列 2：1.0000，1.2200，1.4655，1.8496，2.3378，2.8548，3.4139

2. 两序列的始点零化像

序列 1：0.0000，0.2105，0.4266，0.4811，0.7602，1.0640，1.1867

序列 2：0.0000，0.2200，0.4655，0.8496，1.3378，1.8548，2.4139

3. 计算 $|s_0|$、$|s_1|$ 及 $|s_1-s_0|$

$|s_0|=3.53575$；$|s_1|=5.93465$；$|s_1-s_0|=2.3989$

序列 Y_1 和序列 X_{28} 的灰色相对关联度 =0.8136。

（三）计算灰色综合关联度

综合考虑各序列数据绝对量的大小和变化速率的快慢，θ 取 0.5。将以上计算所得的灰色绝对关联度 ε_{ij} 值和灰色相对关联度 r_{ij} 值，代入灰色综合关联度计算公式：

$$\rho_{ij} = \theta\varepsilon_{ij} + (1-\theta)r_{ij}$$

由此，可以得到序列 Y_1 和序列 X_{28} 的灰色综合关联度 =0.6688。

因此，序列 Y_1 和序列 X_{28}：

灰色绝对关联度：0.5241；灰色相对关联度：0.8136；灰色综合关联度：0.6688。

二十九、序列 Y_1 与序列 X_{29} 的灰色综合关联度计算过程

待计算的以下两个序列将被整理为等时距序列（1 时距序列）。

序列 1：91310.936291，110534.87646，130260.24，135239.94985，160722.2317，188470.1531，199670.65959

序列 2：98241489，106441173，111047702，133384848，168985654，202602789，218793742

（一）计算灰色绝对关联度

1. 计算两序列的始点零化像

序列 1：0.0000，19223.9402，38949.3037，43929.0136，69411.2954，97159.2168，108359.7233

序列 2：0.0000，8199684.0000，12806213.0000，35143359.0000，70744165.0000，104361300.0000，120552253.0000

2. 计算 $|s_0|$、$|s_1|$ 及 $|s_1-s_0|$

$|s_0|=322852.63135$；$|s_1|=291530847.5$；$|s_1-s_0|=291207994.86865$

序列 Y_1 和序列 X_{29} 的灰色绝对关联度 =0.5006。

（二）计算灰色相对关联度

1. 计算两序列的初值像

序列 1：1.0000，1.2105，1.4266，1.4811，1.7602，2.0640，2.1867

序列 2：1.0000，1.0835，1.1304，1.3577，1.7201，2.0623，2.2271

2. 两序列的始点零化像

序列 1：0.0000，0.2105，0.4266，0.4811，0.7602，1.0640，1.1867

序列 2：0.0000，0.0835，0.1304，0.3577，0.7201，1.0623，1.2271

3. 计算 $|s_0|$、$|s_1|$ 及 $|s_1-s_0|$

$|s_0|=3.53575$；$|s_1|=2.96755$；$|s_1-s_0|=0.5682$

序列 Y_1 和序列 X_{29} 的灰色相对关联度 =0.9296。

（三）计算灰色综合关联度

综合考虑各序列数据绝对量的大小和变化速率的快慢，θ 取 0.5。将以上计算所得的灰色绝对关联度 ε_{ij} 值和灰色相对关联度 r_{ij} 值，代入灰色综合关联度计算公式：

$$\rho_{ij}=\theta\varepsilon_{ij}+(1-\theta)r_{ij}$$

由此，可以得到序列 Y_1 和序列 X_{29} 的灰色综合关联度 =0.7151。

因此，序列 Y_1 和序列 X_{29}：

灰色绝对关联度：0.5006；灰色相对关联度：0.9296；灰色综合关联度：0.7151。

三十、序列 Y_1 与序列 X_{30} 的灰色综合关联度计算过程

待计算的以下两个序列将被整理为等时距序列（1 时距序列）。

序列 1：91310.936291，110534.87646，130260.24，135239.94985，160722.2317，188470.1531，199670.65959

序列 2：998，1134，1259，1417，1597，1764，1941

（一）计算灰色绝对关联度

1. 计算两序列的始点零化像

序列 1：0.0000，19223.9402，38949.3037，43929.0136，69411.2954，97159.2168，108359.7233

序列 2：0.0000，136.0000，261.0000，419.0000，599.0000，766.0000，943.0000

2. 计算 $|s_0|$、$|s_1|$ 及 $|s_1 - s_0|$

$|s_0| = 322852.63135$；$|s_1| = 2652.5$；$|s_1 - s_0| = 320200.13135$

序列 Y_1 和序列 X_{30} 的灰色绝对关联度 = 0.5041。

（二）计算灰色相对关联度

1. 计算两序列的初值像

序列 1：1.0000，1.2105，1.4266，1.4811，1.7602，2.0640，2.1867

序列 2：1.0000，1.1363，1.2615，1.4198，1.6002，1.7675，1.9449

2. 两序列的始点零化像

序列 1：0.0000，0.2105，0.4266，0.4811，0.7602，1.0640，1.1867

序列 2：0.0000，0.1363，0.2615，0.4198，0.6002，0.7675，0.9449

3. 计算 $|s_0|$、$|s_1|$ 及 $|s_1 - s_0|$

$|s_0| = 3.53575$；$|s_1| = 2.65775$；$|s_1 - s_0| = 0.878$

序列 Y_1 和序列 X_{30} 的灰色相对关联度 = 0.8912。

（三）计算灰色综合关联度

综合考虑各序列数据绝对量的大小和变化速率的快慢，θ 取 0.5。将以上计算所得的灰色绝对关联度 ε_{ij} 值和灰色相对关联度 r_{ij} 值，代入灰色综合关联度计算公式：

$$\rho_{ij} = \theta\varepsilon_{ij} + (1 - \theta)r_{ij}$$

由此，可以得到序列 Y_1 和序列 X_{30} 的灰色综合关联度 = 0.6977。

因此，序列 Y_1 和序列 X_{30}：

灰色绝对关联度：0.5041；灰色相对关联度：0.8912；灰色综合关联度：0.6977。

后　记

本书是在我的博士后研究工作报告基础上进行修改、补充完成的。衷心感谢我的博士后合作导师南开大学刘秉镰教授的悉心指导，导师深厚广博的专业知识、高超的组织能力与教学艺术、高尚的品德与人格魅力、认真负责的敬业精神、强烈的事业心与教师使命感使我受益匪浅，不仅使我顺利完成了博士后期间的科研工作，还使我个人在专业素养方面得到了很大的提高，这必将使我受益终生，谨向给予我无私帮助的刘老师致以诚挚的谢意！

衷心感谢我的博士生导师天津大学赵涛教授长期以来对我的悉心指导，导师高深的学术造诣、严谨的治学态度、认真负责的工作作风、平易近人的待人方式、健康乐观的生活态度以及毫无保留、诲人不倦的博大胸怀使我终生受益，谨向给予我巨大帮助和真诚关怀的赵老师致以衷心的感谢！

感谢南开大学经济与社会发展研究院所有关心和帮助过我的老师和朋友！特别感谢同一课题组的刘军老师、刘彦平老师、刘勇老师、刘维林老师、陆岚老师、肖建华老师、焦志伦老师、李克娜老师、李兰冰老师、杨静蕾老师、郑滢老师、耿松青老师、王勇老师、张炜熙博士后、董艳华博士后、丁明磊博士后、翟磊博士后、胡玉莹博士、樊敏博士、陈志卷博士等人给予我的关心和帮助！

特别感谢我父母对我的无私付出！特别感谢我的岳父母、兄嫂、妹妹、妹夫等亲人对我的巨大支持！特别感谢我的妻子任正君，挤出时间参加了本书案例补充、数据收集与整理、校对等工作，执子之手，与子偕老。同时，因为忙碌，牺牲了一些陪伴我女儿成长的时间，也特别感谢我的女儿。

衷心感谢天津外国语大学国际商学院等部门对本书出版的大力支持，为本书成功出版搭建了一个良好的平台！同时，中国财富出版社编辑的辛勤工作与敬业精神，使本书得以顺利付梓，在此向他们致以诚挚的谢意！

王茂林

2015 年 2 月